小语典

语文教育文库

为教师专业发展蓄力赋能

紫雨的文言课

统编教材小学文言 14 篇
文本解读及教学设计

周晓霞 _ 著

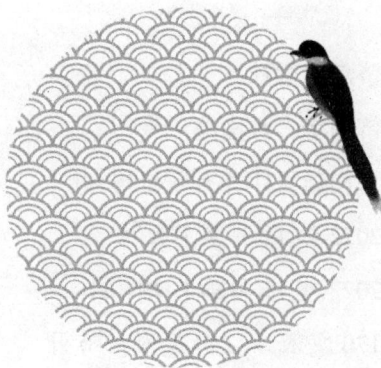

山东城市出版传媒集团·济南出版社

图书在版编目（CIP）数据

紫雨的文言课：统编教材小学文言14篇文本解读及
教学设计／周晓霞著. —济南：济南出版社，2022.11
ISBN 978 - 7 - 5488 - 5449 - 4

Ⅰ.①紫…　Ⅱ.①周…　Ⅲ.①文言文—教学设计—小
学　Ⅳ.①G623.202

中国版本图书馆 CIP 数据核字(2022)第 221311 号

出 版 人　田俊林
责任编辑　张慧泉　梁广堂
封面设计　李　一

出版发行　济南出版社
地　　址　济南市二环南路1号
印　　刷　济南新科印务有限公司
版　　次　2022 年 11 月第 1 版
印　　次　2022 年 11 月第 1 次印刷
成品尺寸　170 毫米 × 240 毫米　16 开
印　　张　15.5
字　　数　209 千字
定　　价　68.00 元

济南版图书,如有印装质量问题,请与出版社出版部联系调换。

电话:0531 - 86131736

成功之路并不拥挤

——读《紫雨的文言课》

李 亮

看到"紫雨"这个网名是"凤凰语文论坛"开创不久,真正见到"真人"应该是在论坛庆祝点击量突破十万次的活动上,后来就在苏教版小学语文教材的各种培训会上经常见到她。作为论坛版主,紫雨不仅是培训会场的义工,还对教学中出现的各种现象和问题直抒己见,向专家们请教甚至"发难"也是常有的事。她一直感谢"凤凰语文论坛"这只"鸟"引着自己走出了苏北的小县城,看到了"井"外天地的广阔,而她也像诸多论坛版主们一样,仰望星空,脚踩大地,以饱满的激情热衷于自己的教育理想,踏踏实实地耕耘于三尺讲台。后来,教材进入统编时代,见面的机会也就越来越少了,再后来偶尔听说她在研究小古文教学,还颇有些好奇。总之,对紫雨的认知,一直在熟悉与陌生、疏离与亲切之间。

一日,她说要交一份"作业"给我,打开《紫雨的文言课》,内容纷繁得让我瞠目!整整二十五万多字的文稿,全部是对文言文教学的研究。原来,紫雨从 2006 年就开始在自己的课堂进行小学文言教学的探索和研究,十五年未间断,她的每一届学生都从中受益。

紫雨是一位有点浪漫主义色彩的女子,更是有点理想主义情怀的老师。她一路的成长并非一帆风顺,但并不影响她阳光地生活和勤勉地工作。早在 2012 年《新作文·小学作文创新教学》出版的专刊中,她就提出了"童话地吻醒国学"的教学主张。她提出："在国学经典中记录着很多鲜活的人和事，这些人和事非但不古板，反而非常可爱，上演着一幕幕纯真的'童话'。寻找这样的阅读内容，孩子和文言之间便没有了距离感。"她认为："天地万物虽然在不断演化，但几千年对于地球来说，也就是瞬间的事情，因此自然之道亘古未变，自然之理千古共探，如同照过今古之'月'，典籍照亮着我们的心，诵读它们可以让我们抵达'天人合一'的境界。"她还说："汉字特有的形态，汉语特有的节奏，文言特有的魅力，是民族得以繁茂的根脉，如童话般神奇而美妙地在爱她的人身上烙下美丽的印迹。"——她在如痴如醉地勾画着一个浪漫而又切实地指向小学文言教学的理想图景！

让我讶异和感佩的还有，《紫雨的文言课》是江苏省教育科学"十三五"规划重点课题（编号：B－b/2016/40）"基于语文核心素养的小学文言文教学策略的研究"成果。"课内卷"为统编教材小学文言14篇文本解读及教学设计，还有纵观整个编写体系立德树人的内涵解读、整个小学文言知识要点及其复习策略，可谓有方向、有理念、有操作。"课外卷"为紫雨从2006年起十多年来探索的小学课外古诗文阅读指导与思考的积累，多散见于《语文建设》《小学语文教与学》《教学与管理》等专业教育杂志上，可见其在文言阅读推广之路上的那种孜孜以求的精神。

"凤凰语文论坛"练就了紫雨敏锐而细腻的文本解读能力，读她对统编教材中文言课文的解读，有一种自由穿梭时空的畅快。

每一篇必然追根溯源——回归到文本原点，寻觅经典原初的味道。为了解读大家耳熟能详的《守株待兔》，她对《韩非子·五蠹》原著反复研读，然后得到了韩非子讲述《守株待兔》更宏大的立意，它远远不是笑其"不劳而获"那么单薄。她对寓言中宋人出镜较多的原因的探究，得到了"笑"之社会背景；对原本是贵族的宋人行事作风的探寻又将韩非之笑意推进了一层。经过综合思考，走出了《守株待兔》笑"田野庄稼都完了"的理解偏差，由韩非最初"是以圣人不期修古，不法常可，论世之事，因为之备"的立意阐述，直接指向了当前小学文言文教学方法的症结所在，终又将寓意普及指向所有领域的创新思维。

每一篇必然立足当下——尊重当下的视角，根据生长的需求来汲取营养。紫雨对文学欣赏与教学文本解读的界限把握得特别清楚。运用文艺评论剖析只是为了服务教学的一种深入过程，教学对象是当下的，文本解读的指向一定也是当下的。比如解读《少年中国说》，将"少年"一词放置于中华民族发展的时间轴，感受梁公的高瞻远瞩，同时又激发当下少年之激情与责任，将当下的"中国梦"追求上升到"少年雄于太空，则国雄于太空"的层面。

每一篇都面向未来——语文教学自当实现教育之真意：面向未来的人才培养。因此，正向理念的树立自然被纳入"播种"的重要指向。比如，同样是读韩非，紫雨对《自相矛盾》的解析抓住了"矛盾观"的树立这种较高的教学思维，将"矛盾"激化而无穷演变。仅从"武器"视角，立足文本运用矛盾思维开创出了辽阔的、现代的、国际的阅读视野。

纵观紫雨对于语文教学的认识，发现她自觉不自觉地在实践中逐步形成了全面提升学生语文课程核心素养的意识，因此，她的课堂一直是儿童的、灵动的、鲜活的，她的教学设计是好玩儿的、有趣味的。

低年级的情趣——以各种有趣的"好玩"吸引孩子进入文言世界。她综合了戏剧、雕塑等艺术手法创新设计出一种"形体诵读"——借助孩子的身体资源开发诵读。作为文言开门课，以一手扮演小乌龟一手扮演小兔子，边演边诵的《龟兔竞走》教学设计已经广为流传，我就在多处听到不同的翻版课。而《雨》的设计又借助汉语声律的特点，借助平长仄短的诗词诵读策略让学生进入文言学习中来。比如"风吹云散"——平声的"云"被任意读长，让学生们浮想联翩，如云般自由发声，其间可见各种云朵不说，那被风吹着四处浪荡的感觉特别有意思，而忽然来个仄声的"散"，急促而短暂，真的像"呼啦"一下全没了的感觉。课堂上学生们该是怎样的情趣盎然呀！

中年级的意趣——中年级的教学设计仍然是有趣的，而此中却多了很多感悟的意韵。比如《精卫填海》的设计，在读出《山海经》的神奇和美妙之外，她引导学生从写作的角度去品味：文中为何不先描述女娃溺水而亡的事情，然后再描写精卫之形态？借此，她竟然很轻巧地让学生一步一步探寻到了神话创作的真谛："昔者初民，见天地万物，变异不常，其诸现象，又出于人力所能以上，则自造众说以解释之：凡所解释，今谓之神话。"（鲁迅）而且还从"故事"的角度，又让学生追问出了"精卫填海"是一个无果的故事。再从对比阅读的视角，比较思考为何神仙对"精卫"和"愚公"的态度不同。这样的教学在传统教学中是没有的，却又是汉语教学应该尝试的。

高年级的志趣——在高年级的文言教学设计中，紫雨显然是精心构建着小学初中知识衔接的阶梯。由《杨氏之子》中汉字游戏式的思维训练，进入《伯牙鼓琴》《书戴嵩画牛》这样的艺术话题。比如《书戴嵩画牛》教学中，她紧扣一个"笑"字，用戴嵩、杜处士、牧童及苏轼对于"斗牛"这一话题从艺术欣赏层面自然地将大家带入了哲学层面的思考，让"笑"的意韵有了极为丰富的呈现。再如对于传统课文《两小儿辩日》，她不仅引导学生明白两小儿的辩论观点，还学习他们观察事物并阐述自己观点的方法：敢于向权威挑战，提出自己的质疑。过程中将观察方法和文字描述实际操练了一把。从"色彩浓淡""日照影长"等角度将"辩论"引向激烈复杂。又将单元中"口语交际"《辩论》的辩题设计为"孔子是/非智者"，与本课形成一个完整的教学系列，已经跳出语文学科知识点的惯性思维。考察听说读写的本质联系，在继承和弘扬传统文化的教学过程设计中"发展思维能力，提升思维品质，形成自觉的审美意识，培养高雅的审美情趣"，朦胧似见"大概念"意识的萌芽。

紫雨如此厚实的解读与设计并非一日之功，而是来自她教学中对于汉语的挚爱和沉浸。她在教学中的探索和研究超前教材编写十多年，所以在众多老师面对教材中出现文言文毫无准备甚至显得有点无措之际，她对小学文言课堂早已驾轻就熟。她的学生进入中学以后表现出惊人的阅读力和创作力，这些成了紫雨优秀文言教学最有力的例证。文言是汉语的根，有了牢固的根基，汉语的学习自然会"枝繁叶茂"。所以紫雨秉承"教孩子一天，为他们一年着想；教孩子一年，为他们一生着想"的理念，早在"双减"政策之前，即放下应试而潜心课外文言阅读的推广，恰恰为当下的"双减"提供了不少可资借鉴的经验。

大视野，小算盘——放眼儿童终身的汉语学习，必须盘算着每年每月每周每天的时间安排。她任教的一届学生，从 2015 年到 2021 年六年里，一、二年级诵读小古文 108 篇，三年级读完中华书局出版的《世说新语》选本，四年级开始进入文言文原著阅读，利用三年时间带领学生们完成了四大名著原著的阅读。其间还利用每天的晨读读完了《论语》。这些日子都是她扳着指头盘算着过来的。

大格局，小操作——紫雨有大格局，可她的操作又是那样简单细碎，简单到甚至有点"笨拙"，细碎到甚至可以"忽略"。比如她和孩子们读《论语》，每天也就只读一两则。她不要求学生背诵，只要求认真抄写一遍，并用心听她聊相关的故事，然后大家一起天马行空地"扯"。对于学生的发言，她立下的标准是"一本正经地胡说八道"。她还有一个极小的甚至在当下现代技术盛行时期完全可以省略的操作——每天在黑板上用粉笔抄写繁体字《论语》，两年多的时间里，从未间断过。就这样，每天 15 分钟的"小"时间，两三行的"小"抄写，零零碎碎的"小"故事，完成了《论语》的师生共读。

大规划，小步走——紫雨的文言阅读推广是有规划的，小学六年，从时间上算得上宏大，却被她"小碎步"地走完了。就那样一篇一章地"玩"，一回一目地读，一字一句地解……书中有一组特殊文字："紫雨说字"，讲的都是文言文语法常识，却没有一点理论味，极少出现语法专业术语，全是日常的"鸡毛蒜皮"。"吃货""高手""颠来倒去""神出鬼没"……这些让学生们一看就忍不住被吸引的描述，让一个个文言字词如一杯杯牛奶，轻轻松松地进入了学生的肚子里。

　　掂量着《紫雨的文言课》这本书稿，我在想两个问题。一是自统编小学语文教材使用以来，小学文言教学成了小语界关注的新热点，我不知道这种关注是否能持续，因为据说学界对在小学阶段是否教学文言意见并不统一。个人以为，在精选内容的前提下，小学生适量、适度地学点文言文，并无不可。古诗词的难度不比文言短篇低，古诗词学得，文言文为何学不得？二是紫雨的文言课，也许并非能被普遍接受，也并非所有老师能学得来，但这又有什么关系呢？看得出，紫雨写这本书本来就没有推销自己思想和做法的念头，更多的是出于一个创作者孤芳自赏、敝帚自珍式的表达快感。而紫雨作为教育者的职业成就感与幸福感早已从她的学生成长中获得。真理往往被绝少数人掌握着。一个执着自己热爱的领域并持续深耕的人总是更容易接近成功的彼岸。其实成功之路并不拥挤，因为坚持的人不多。祝福并致敬紫雨老师！

小学文言文教学的春天在这里

高子阳

我中学期间不喜欢语文，与不少同学一样，就是因为文言文。很长一段时间，恨古人为什么不好好说话，不写出让人能一读就懂的作品来？后来，明白了，如果像现在人那样写书，动不动十万、几十万、百万字，在纸张、雕版印刷、活字印刷还没有发明之前，那得弄死多少乌龟，养多少蚕，织多少绢帛，削刻多少竹简啊？作为中国人必须理解文言文简洁简洁再简洁的特点，所以，现在的我不再恨文言文，转而变成对教我的那些语文老师的不满了，因为他们的教学方法居然都是一样的：背诵、翻译、默写、典故理解、字的古今义、简单理解作品内容，从来没有哪位语文老师让我们多读古书，读文言文类的书，更不能从创新的角度进行文言文的教学。

我原是小学数学老师，后来教了小学语文教材教法。2003 年春天开始教小学语文，一直教到 2019 年秋季，都没有在小学课堂上教过文言文，因为当时我们使用的教材里没有。现在大家都在使用统编版语文教材，这套教材居然从三年级开始，每册都编排了文言文。看到这一教材，真的头大了。我不知道怎么教，所以一度认为，小学不该编写这一内容。我读《义务教育语文课程标准（2022 年版）》，发现新课程标准中只强调小学教材要编写古诗词，没有要求编写文言文，所以我与紫雨争论：教材编写者没有严格遵守课程标准。关于这事，我们俩已经争吵过好几次了。她没有说服我，我也没有说服她。我为什么如此抵触小学教文言文？

答案恐怕与许许多多的小学语文老师一样——我们接受的文言文教育是考试型的，对文言文学习即使没有生恨，也不大可能喜欢。在这种状况下，小学开设文言文，会不会阻止学生语文学科核心之素养的形成呢？

我是一线老师，拿到教材，不管有什么想法，教是必须的。怎么教？真的难死我了。于是乎，我采取非常笨的方法，把手中有的小学语文教学类杂志拿出来，只要有文言文教学的文章，我就撕下来集中在一起，一点点研究。只要有机会，文言文的课我肯定会认真地听。这种笨笨的学习让我发现了很多东西。

一是有不少专家和老师使用的教学方法仍然与我中学语文老师的方法一样或者相似，这一教法必然会让无数的小学生从小害怕文言文，我的这种担心真的已经出现了。

二是不少专家、学者、老师强调要多读多背文言文。这几年，很多出版社接二连三地出版了小古文类图书且销量特别好。如此，小学6年时间，除了学习课本中14篇文言文外，还要背诵超过课文10倍量的（100余篇）小古文，否则没有办法应付有关文言文类考试。这算不算增加学生负担呢？

三是文言文里的大智慧不教，却引导学生玩毛骨悚然的事。比如，一位相当牛的历史老师给11岁的学生讲《荆柯刺秦王》（这不是课文）。这位老师说："《荆轲刺秦王》文言文，是一个历史故事。故事讲完了，很遗憾，最终荆轲还是失败了，但是这个失败有它的主观原因，也有客观原因。在这里我们假设一下，如果你是荆轲，或者说你帮助荆轲来设计这个刺杀方案，你怎么能够尽最大可能地去保证刺秦的成功，或者说提高刺秦成功的可能性？也可以说能解决荆轲的哪几个不足之处？"

一个男孩说："我不会选那么一个猪队友去参加，我要找我最好的朋友，然后两个人一起上去。我拿小匕首捅进他的喉咙，另一个人拿小匕首捅进他的胸膛，这样就保证成功了。"

老师说："嗯，如果是这样，成功率的确增加了一点，但你们用的小匕首，无法保证就能刺死秦王啊。"

另外一个男生说："故事里不是有一个柱子吗？故事里头说了荆轲一直追着秦王，绕着柱子跑了好多圈，要是还有一个助手的话，一个从左边，一个从右边，估计就能很好地刺杀秦王了。"

我听到此课，浑身冒冷汗。怎么能教孩子如何成功地刺杀秦王呢？当时的我，立即打电话给紫雨，把这位大师的教学直接抛给了她。紫雨老师与我的认知一样。文言文中有许多大智慧，如果这样教，学生真的不如不学。

四是看老师们发表的关于小学文言文教学的100多篇论文及课堂实录，居然有90%以上的文章中的方法我绝对不会用在我的课堂里，让我惊讶的5%的文章，居然都出自紫雨之手。

读着紫雨的教学设计，听着紫雨的文言文课，我居然也跟着写了起来、做了起来。拿到2020年第六期《小学语文教师》，看到了周晓霞老师《世传文言故事欲传何意——〈铁杵成针〉文本解读例谈》的大作，欣喜，深感小学文言文真的不好教，教不好就中学教法小学化了。受周老师的影响，我也敢走进课堂教《铁杵成针》了。请看我的思考和教法。

1

磨针溪，在象耳山下。世传李太白读书山中，未成，弃去。过是溪，逢老媪方磨铁杵。问之，曰："欲作针。"太白感其意，还卒业。

——【宋】祝穆《方舆胜览·眉州》

我读这一篇文言文，有一种想法，李白为唐朝人，为什么宋朝的祝穆写了这件事，不该是唐朝人写吗？祝穆何许人也？一查才知，这是个奇人！

祝穆师从朱熹，他嗜书，手不释卷，于书无所不读。青年时，往来于吴、越、荆、楚之间，所到必登高探幽、临水揽胜，遍访民情风俗，这为他晚年著述积累了丰富资料和感性知识。

晚年卜居建阳县麻沙水南，名其庐"南溪樟隐"，集朱熹生前手迹，匾于厅堂楣额。在厅右小屋取朱熹生前所书"岁寒"二大字，以表古樟之雅。与隐庐相对，又筑小楼四楹，取张南轩所书"藏书楼"三大字，揭匾楼上。在这优美舒适的环境中，祝穆开始他晚年的著作生涯。凡经、史、子、集，稗官野史，金石刻，列郡志，"有可采摭，辄抄录"。祝穆善于写文章，"下笔顷刻数百言"。在麻沙水南隐居期间，他撰成两部文献性巨著，一是类书《事文类聚》170 卷，一是综合性地理志《方舆胜览》70 卷。他不仅自编书籍，而且自家刻书发行。南宋嘉熙二年（1238）有市侩之徒将其《方舆胜览》自刻本改名《节略舆地纪胜》翻刻。祝穆上诉保护版权，官府下令"追人、毁板"（大宋有此事，不得了）。祝穆经过几年编纂，雕版费用据称"浩瀚"。他不仅是刻书家也是藏书家，虽家境不算富裕，却仍节省开支，购聚书籍，建筑小书楼以为藏书之处。

祝穆，真是一个完美的男人。

为什么宋朝的祝穆写唐朝李白的世传之事？其实与宋朝时人们爱读书有关。最爱读书的朝代、影响世界的伟大发明最多的朝代，就是宋朝。李白的这个故事，是很能激励宋朝青年男女发愤读书的。

2

李白的这个故事假如是真的（我们应该相信这种虚构），大概是他多大年龄时发生的事？

李白 5 岁开始读书，《上安州裴长史书》云："五岁诵六甲。"李白 15 岁，已有诗赋多首，并得到一些社会名流的推崇与奖掖，开始从事社会干谒活动，亦开始接受道家思想的影响，好剑术，喜任侠。《铁杵成针》会不会发生在 5—15 岁之间？李白 18 岁，隐居戴天大匡山（在今四川省江油市内）读书。往来于旁郡，先后出游江油、剑阁、梓州（州治在今四川省境内）等地，24 岁离开江油。《铁杵成针》会不会发生在 15—18 岁之间？会不会发生在 18—24 岁之间？

大概就是这三个时间点。具体是哪个时间点？我无法确定。不过，我觉得确定这一时间很好玩。我个人倾向于 15—18 岁期间。有人说，一个虚构的、不可能发生的故事，思考这个干什么？答案是：玩！带着学生玩！

李白出生在哪里不知道，他的父母带着他出来的第一个落脚点是江油。李白卒在安徽当涂，葬在当涂，墓碑上刻着铜钱和宝剑。但江油有他的衣冠冢，墓碑上刻着"真诗不死"。祝穆《方舆胜览》中的《铁杵成针》就是在《眉州》里。我国有没有象耳山？有！在四川省眉山市境内。有没有磨针溪？有！武氏岩刻！江油属于现在的绵阳市（唐朝时的绵州），江油至眉山的磨针溪，要经过德阳、成都，路程不近啊！

所以，据此推出这个故事的大概时间是李白15—18岁时。这个时间段，他到了这里，遇到了仙人，于是18岁回到家乡开始读书。

3

李白读书山中，要么是跟着老师读，要么是自读。为什么读不下去？周晓霞老师的大作中对此有研究。我也想了想。一个人（或跟着老师），非常小的一个团队，整天窝在那里读书，两耳不闻窗外事，坐着冷板凳，遇到一个个难题。什么时候是个头啊？郁闷啊！

此时，走出去，看一看，所以遇到了"仙人磨针"。这就是"老师几年苦口婆心，不如老媪溪边磨针"。亲见的事往往最有感染力！多少人的改变，就是因为成长过程中遇到了特别的人与事，尤其在成长道路上出现瓶颈时，遇到贵人，那是超级幸福的。

不管是从教育学还是心理学角度看这个故事，实在伟大！

这个故事的魅力在哪里？老媪说的"欲作针"，即用铁杵作针！铁杵是原材料，针是作品，是一个能帮助人改变世界的新作品，从原材料到新作品，李白明白其不易。而自己原来的那种学习的孤独，不就是磨原材料的过程吗？快了，快了，逼近成功了，针要出现了！走，赶紧回到学堂。我已经学了好几年了，再来一段时日，我的"针"也就有了。李白为什么回去？因为他的"针"很快就要磨出来了。

教这个文言文，理解至此，我比以前通透了许多。

4

世界上所有的名人，往往都有一个不一样的童年，那童年的故事最能激励人。这二三十年里，我国出现了很多"鸡汤文"，有人讨厌，有人喜欢。其实《铁杵成针》就是宋朝时的鸡汤文。

再回到名人的童年故事中。这其实也是这一文言文给予儿童的写作智慧。每个人的童年都是不一样的，一个人的未来是很难精准预测的，但每个人的精彩都掌握在自己的手里。每个人的童年表现其实也决定着未来。每个孩子多多书写自己的故事，多多为自己创造精彩的故事，这应该是教这则文言文必须传达的智慧。

大家把我的思考及教法与紫雨的对比一下，能否得出"高子阳正走在会教小文言文的路上"之结论？即使你没有看出来，我自己却真的因为紫雨的启发越来越觉得文言文挺有意思了，我也慢慢地不再像我以前的语文老师那样讲文言文了。

心里亮了起来，课也就会亮起来的。

紫雨研究小学文言文教学已经很多年了，我请她来给我名师工作室的成员上了好多次课了。每一次课，都能看到她的改变，当然我们也跟着她一起向前向前向前。

我继续看着一本又一本小学语文教学杂志中的文言文教学，继续听着身边及一些名师上着文言文课，越看越觉得小学文言文教学专业化程度真的不够，可以用越听越害怕来形容。于是，有一天，我建议紫雨赶紧做一件事，就是把教材上的这14篇文言文高水平的教学拿出来，出版一本书，为了让我继续喜爱文言文，为了学生们对文言文的喜爱，为了让小学语文老师能更加专业地教。

紫雨老师超级棒，这本书出来了，这就意味着小学文言文教学的春天来到了！

现在的我，已经每周给学生开一节"趣味小文言文"课了，学生们可喜欢了，每节课能从头笑到尾。这事，我已经给紫雨说了。

看到紫雨这本书，我也暗暗下了一个决心：N年后，也写本文言文怎么教的书。不过，想想超越她，太难了！

目　录

如何上好小学第一篇文言文

——《司马光》文本解读及教学建议

文言文真的来了!

统编小学语文教材三年级上册第24课《司马光》是本次教材改革语文教材中首篇以课文形式出现的文言文。这一安排表明在低学段储备一定的识字量之后,即可进入简短的文言文阅读。文言,是真的来了!我们的课堂应该如何玩出点属于文言的味道?

文本,是我们借以实现教学的一个例子。而作为正式接触文言文的首例则尤为重要。可以毫不夸张地说,这一课决定着学生日后对于文言文的情感、态度和价值观。所以对其的重视程度再高都不为过。然而这份"重",是对于教者而言,面对学生的时候,恰恰要表现出极度的"轻"——让学生们轻松进入文言文世界!现就这样一个举"重"若"轻"的教学目标,围绕小学第一篇文言文该如何"玩儿"谈一些自己的思考和探索。

解读,"玩儿"的是故事

《司马光》的故事可谓家喻户晓,原文出自《宋史·司马光传》,记载了司马光儿时的两件事——

光生七岁,凛然如成人,闻讲《左氏春秋》,爱之,退为家人讲,即了其大指。自是手不释书,至不知饥渴寒暑。群儿戏于庭,一儿登瓮,足跌没水中，众皆弃去，光持石击瓮破之，水迸，儿得活。

一件是记录其读书博闻强识，一件是记录其遇事机智果决。一是讲学习品质，一是讲实践能力。这部分内容历来是教育孩童的范本，自古以来蒙学读本多有录入，本次统编教材选其"破瓮救友"部分。

虽然故事本身情节起伏，紧张严肃，但终以喜剧收场，读来玩味十足。无论是书面记载还是口口相传，都是极好的故事素材。

"群儿戏于庭"——这是一个游戏味十足的开场。对于现代儿童来说，"庭"是相对陌生的场所。由"庭"自然想到"庭院"。现代汉语中"庭院"涵盖了所有私人建筑中屋外的空间。其实这两个字是有明显区别的。"庭"在古代汉语中有多种解释，一是"厅堂"，二是"堂屋阶前的空地"。总之，这是一个相对空旷的空间。

"一儿登瓮"——继续玩儿。"瓮"在书中的注释为"盛物的陶器，口小肚大"，只是从外形上作了说明。即使看百度或字典上的解释——"指一种盛水或酒等的陶器"，小学生也不能完全理解这个事物。它实指一种比缸小、比坛大的大腹陶器。古有"瓮天"一词，指坐在瓮中观天，比喻见识短浅。古代表示所居极其贫寒也有"瓮牖绳枢"（以败瓮为窗牖，以绳为门枢）之说。另有常用的"瓮中捉鳖"（比喻所欲得者已在掌握之中）。究其本义，足以想见其大，大可容身，所以一般的孩子需要"登"方能及。当然，一个盛满水的"瓮"对于小孩子来说是极其危险的。故事就这样发生了！

"足跌没水中"——"足跌"是原因，"没水中"是结果。至此，游戏酿成一起事故。"没"在此处读"mò"，深入水中之意，此处即指登瓮的孩子沉没于水中。这是全篇最为紧张的环节，故事发展至一个高潮！

"众皆弃去"——"众"即前文中"群儿"，当然跌入水中的孩子和司马光除外。面对突发事故，他们都选择了"弃去"。"弃"即"舍去，抛开"。"去"指离开。对于"群儿"来说，那么大的水瓮，他们在无力又无法实施救援的情况下只有"弃"。而"去"的原因及方向没有言明，这是文言常见的，只是描摹其状态，不作任何分析，汉语的这种"模糊性"给予阅读者极大的"自主空间"。他们的"弃"足以映衬出司马光的"救"，他们的"去"正映衬出司马光的"留"。

"光持石击瓮破之"——这七个字让故事出现了转机。"持""击""破"，一气呵成，干净利落。以"之"代"瓮"，既避免了用字上的重复，还带有节奏上的调节功能，只有朗朗地读出来方能感受其韵律。这是故事戏剧性变化的转折点。

"水迸"——"迸"真是一个极其传神的字，光是读音，就可以感受到那瓮中之水迸发涌出的力道。这里换了其他任何一个词都不足以表现瓮的爆破、水的喷射。

"儿得活"——故事的结局，一个美好圆满的结局。三个字足以表现出一种庆幸，一种喜悦！

这是一则名人故事，突出的是司马光。所以故事中的其他人皆以"群儿""一儿""众"代之。就司马光的一生来说，其童年的这两件事对其日后的诸多成长是极为重要的。勤奋读书促使其步入仕途，最重要的是还帮助他主持编纂了中国历史上第一部编年体通史《资治通鉴》。"破瓮救友"事件印证了其具有能够很好地处理人际关系、突发事件的能力。例如，庞籍采纳他的建议后获罪，司马光"三上书自引咎，不报。籍没，光升堂拜其妻如母，抚其子如昆弟"，可见其勇于担当、为友排难之胸襟。不管其后期的政见如何，但遇难化难、见招拆招的秉性始终如一。史书自然不会平白无故地随意选择事例，这些经典小故事值得代代相传。

品味，"玩儿"的是境界

司马光砸缸救人的故事被录入教材的频率很高，近年国内发行量较大的人教版和苏教版教材都录入了这个故事。人教版小学语文一年级下册第五单元第20课为《司马光》，其单元导语为：遇到困难怎么办？动动脑筋，一定会有解决的办法。与其归为一个主题单元的课文有：《识字5》《四个太阳》《乌鸦喝水》《称象》。苏教版小学语文一年级下册第八单元第22课为《司马光》，与其归为一个单元的课文还有：《鲁班和橹板》《乌鸦喝水》《咏华山》《小松鼠找花生果》。这两个版本显然都是以"智慧"定分类的。人教版的单元导语明确表示这是一组"遇事要动脑筋想办法"的文章，无论是画太阳的儿童、想喝水的乌鸦，还是帮助父亲称象的曹冲，都像司马光一样具备解决问题的智慧。苏教版教材虽然没有设导语，但从课文内容同样可以得出：发明橹板的鲁班、想喝水的乌鸦、登山咏诗的寇准及寻找花生果的小松鼠，都是有"智慧"的。

本次统编教材将故事的形式调整为文言文，并将其安排在小学语文教材三年级上册第八单元第24课，再纵观其单元组合，可见已经跳出了"小智慧"主题。单元另外三篇课文分别是《灰雀》《手术台就是阵地》《一个粗瓷大碗》，安排了《口语交际：请教》和《习作：那次玩得真高兴》。在本单元最后的《语文园地·日积月累》中还有诸子名言。

一路读下来，我们感受到此文的意义不再局限于"解决困难的智慧"，而是将智慧放置于人际关系的大环境之中：《灰雀》中的"智"不只是列宁无形中的影响，更在于人与自然的相处方式；《手术台就是阵地》中的"智"不应只理解为典型的国际主义，更多的是作为人之职责与对生命的思考；《口语交际：请教》和《习作：那次玩得真高兴》的主题也都是围绕人际关系的处理和表达。单元结束语《语文园地·日积月累》可谓人际关系之经典分析。这样的组合将"人"字放得更大了，让"智"有了更大的格局，让"慧"有了更丰富的内涵！立足于这样的视角来看《司马光》这篇文言文，相信你不再仅仅拘泥于那种"急中生智"的层面，而获得了更为辽阔的解读视野。

经过这一系列的解读，可谓"举重"，而回归我们的课堂却是需要"若轻"之功的。笔者认为小学文言文教学的目标应该是激发儿童对文言文的兴趣，初步培养儿童的文言语感，培养他们热爱祖国语言文字和传统文化的情感。在此基础上，才科学而合理地提出小学文言文教学应该是任"轻"而道远！那么在文言文的课堂中又该如何轻松地"玩儿"出点文言味儿呢？

诵读，"玩儿"的是韵律

文言味儿首先是读出来的。如果单纯从理解层面来讲司马光的故事，可能不到五分钟三年级的学生就完成了许多教师认为必须完成的"翻译"任务。张必锟老师在其著作《我教语文》第一篇就旗帜鲜明地提出："学文言非诵读不可。"谈及原因，张老师说："简单地说，就是为了培养语感。没有良好的语感，任何一种语言都是难以学好的。"笔者深以为然。张老师是中学语文老师，中学学文言重视诵读，小学对诵读的重视更应有过之而无不及。就《司马光》这一篇短文，学生诵读有何所得？

1. 读准字音的传意

现代文教学对于朗读倡导"正确、流利、有感情"，这对于一脉相承的文言同样有效。读准每个字音，不只是对文言文的一种考证，更重要的是只有音正才能正确地理解词语和文章。比如"没水中"的"没"，我们不排除学生在自读时出现"méi"的读音。而教者可将"mò"音与"méi"音对照，结合现代汉语的习惯，"没有水中"显然说不通，只有"沉没水中"才符合上下文的情节。给学生一个探求的过程，允许他们思、品而后得，不是简单直接地告知一个读音。这是学习文言文的一种基本能力训练。

2. 读准音调的色彩

文言文的音调虽不如诗词那样有严格的律调要求，但汉字本身平仄音调的特点在行文中是有色彩的，诵读过程中只要稍加注意，就会收到极好的效果。比如"庭"字为平声，"群儿戏于庭"，此处的"庭"音适当延长，结合前文的"戏"，能将"游戏"的那种轻松愉悦体现出来。既有"闲庭漫步"的悠闲，又有"追逐嬉戏"的散漫。可紧跟着的下一句

"一儿登瓮"的"瓮"为仄声。仄声有短促紧张之感，若是换为"一儿登缸"，那么紧张的气氛就会顿减，因为"缸"为平声。你不妨试着大声读出"破瓮救友"和"砸缸救人"，前者与后者在情绪的感染上会有细微差别。其秘密正在于前者四字皆为仄声，节奏紧张而迫切；而后者四字中三字为平声，节奏舒缓而悠长。所以前者更有现场感，后者更适宜讲故事。可见音调所显现的色彩感，只有通过诵读方可见。

3. 读准情感的节奏

任何语音都有属于其本身的节奏，每个字本身的音调都影响着行文的节奏，而行文中结构的编排组合更是节奏感的综合体现。"光持石击瓮破之"这七个字，主语"光"之后三个一连串的动作描写，两字一述，"持石""击瓮""破之"——紧凑且紧张，朗读时有容不得呼吸的感觉。如果诵读时设想自己就是司马光，必须尽快救下瓮中好友，无论是诵读的力度还是节奏，学生们都会自然加强。也许瓮本身较为坚固，而司马光的力气又小，可反复诵读"持石/击瓮/破之""持石/击瓮/破之"……通过诵读感受情形之紧迫、救人之心切。随之而来的"水迸"真是绝妙！仄声的"迸"其发音就极具爆发力，加之前面三个动作的蓄势，至此得到一个诵读上的爆发。那瓮中之水奔泻而出的气势由此全表现了出来，胜利、喜悦之情也随之爆发。学生们在诵读中对于这个"迸"的喜爱，全在于那双唇紧闭、蓄力之后突然的迸发之中！最后的"儿得活"的结局，"得"为入声字，干脆利落，呼应了前文的"迸"之力道。"活"字，可以任由学生们想象而去延长其音，甚至可以配以行为动作，比如欢呼雀跃，比如相拥而泣，比如呆立回神……各种经历鬼门关而"活"过来的反应会让课堂教学戏剧化！

这样的诵读安排，旨在帮助学生借助声音进入情境，因"音"利导，循"声"问道，帮助学生创设会意的条件，让文字"活"起来。迥然不同于那为读而读的"死记硬背"，这样的诵读不仅不会成为僵化思维的"古董"，反而会成为想象思维训练的利器。

文字，"玩儿"的是情趣

汉字的造型决定了其无穷的魅力，一个字一幅画。文言文中的字义更接近字之本源。所以在教学过程中，巧妙地将识字教学与文本理解结合，既能增添识字的乐趣，又丰富了文本的内涵。

1. 由形会意

汉字的基本字多为象形字，在此基础上进行会意组合，可衍生更多的字。"众"就是一个典型的会意字。一人：ㄟ，二人：ㄟㄟ，三人：ㄟㄟㄟ。其中的妙趣自不必言说。

2. 由单及双

本课要求会写的生字中与手足相关的有四个字。认知过程中不妨给予趣味引导。事故发生的关键就在于那一"跌"，而一"跌"正在于那一"失足"。这样的意会对于三年级学生来说较为容易。而文中还有关于"足"的动作，为何？"登"也！"登"中有"足"吗？不仅有，而且是一双脚。"登"甲骨文的写法是ㄟ，上部分的ㄟ就是指双脚，ㄟ即"豆"，是古代的一种盛器，最下方的ㄟ表示两手，整个"登"字表示双手捧着装满祭品的豆器走上祭台。所以"登"的目标永远是高处。后来在书写演变过程中省去了双手ㄟ，也随之失去了"敬献"的意思，保留了双脚ㄟ，也即保留了往高处走的主要义项。

有意思的是，"持"与"弃"也有这样的由单及双的现象。"持"中"扌"表示手，而"弃"（ㄟ）下方的"廾"正是一双手的造型。将生字如此组合观察，得到的绝非某个字的形态，而是一种民族的智慧。

3. 追根溯源

在本课生字书写中特别要强调的是"庭"，其本字为"廷"，金文造型为ㄟ。ㄟ为须发飘逸（三）和人（亻）的组合，表示德才出众的长发长者，即朝廷众臣。而乚表示院墙。其基本义指众臣朝拜国君的地方。

后来加了"广"成"庭"，更集中形象地表示宫中宽阔的大殿。在书写中经常出现的错误是"廷"中的"**壬**"（tǐng，本义指人挺立在土台上），会被人误写为"壬（rén）"。带着学生一路追溯其源：**壬**——廷——庭，并由此推及其他相关的字：蜓、挺、艇……不仅不再写错，还可逐步培养学习汉字的能力。

文化，"玩儿"的是传承

通过诵读过程中对文言文音质、节奏的感受，加之对汉字根源的解构，这样一篇短小的文言故事已经在我们面前丰盈起来。而如何让其有更为"厚重"的承载，依然可采用"玩儿"的方式来完成。

1. "玩儿"虚词

"群儿戏于庭"按我们现代语法结构会说"群儿于庭戏"。"于"字在文言中被称为关系词（也叫介词），相当于口语中的"在"。在文言中"于"字的用法颇为复杂，有的表示方向的关系，有的表示比较的关系，有的表示观点的关系……不一而足。如果为了实现所谓文言文语法的教学目标，那么整节课用来讲这一个字也未必能完成，反而还会将文言文变成一堵高墙横在学生面前。在此处只要设计一些简单的语感训练即可。

①"群儿"除了"戏于庭"，还可能"戏于何处？"——"群儿戏于院""群儿戏于野"……

②"群儿"除了"戏于庭"，还可能在"庭"中做何事？——"群儿步于庭""群儿诵于庭"……

这样的交流既调动了学生的生活经验，又辅助他们理解了文本内容，最重要的是这种无形的语感训练是愉悦而有效的。

之、乎、者、也，本是文言的代名词，其中的"之"是一个文言味十足的字，内涵极为丰富。而在本文中，它就是一个代词。在反复诵读"持石击瓮破之"的过程中，学生很容易感受到这个"之"即为前文中的"瓮"。教者不妨也来一些"之"的变身小魔术。

持石击瓮破之——之就是瓮；持石击缸破之——之就是缸；持石击碗破之——之就是碗；持石击杯破之——之就是杯……

这样的游戏，学生们百玩儿不厌。而"之"的指代性学生们于游戏过程中了然于心。

2. "玩儿"资料

对于司马光这样的历史名人，资料是不欠缺的。而关于他童年的资料记载对于小学生来说更有吸引力，所以将其读书部分的资料提供给学生阅读，可以满足他们对人物的好奇心，有助于文言阅读兴趣的延伸。

3. "玩儿"积累

在本单元的《语文园地·日积月累》部分，正是对本单元文本的一个思想性指导、价值观提升。教学中应充分利用教材中的这些呼应点，形成知识链接，提升学生阅读品味。将诸子观点与司马光的故事紧密结合，实现中华民族为人之道的传承。

爱人若爱其身。——若没有推己及人的想法，何谈急中生智？仁者爱人，有礼者敬人。——从小有仁爱之心。与人为善言，暖于布帛；伤人以言，深于矛戟。——何况是与人为善"行"啊！这样的结合，将诸子的思想形象化了，将司马光的智慧形而上了，使教学大于文本教学。

小学第一篇文言，就这样"玩儿"着结束了，带着这样"玩儿"的心态去期待，去探求，去品味，才是小学语文老师在课堂上应该给予儿童的童话般美好的教学方式。让学生具备去"吻醒"国学中"美丽公主"的信心，有了如此美好的心愿，哪怕翻山越岭、披荆斩棘，终会所向披靡。

想个办法救人 换个方式学文
——《司马光》教学设计

▶▶▶ 教学内容 ··

统编小学语文教材三年级上册第 24 课

司马光

群儿戏于庭，一儿登瓮，足跌没水中。众皆弃去，光持石击瓮破之，水迸，儿得活。

▶▶▶ 教学目标 ··

1. 指导学生读准字音，读好句读，朗读并背诵课文。

2. 写好本课七个生字，学会借助注释理解关键词句的意思。

3. 激发儿童对于文言文的兴趣，初步培养儿童的文言语感。

4. 培养学生热爱祖国语言文字和传统文化的情感，感受文言文的魅力。

▶▶▶ 教学重点 ··

激发儿童对于文言文的兴趣。

▶▶▶ 教学难点 ··

初步培养儿童的文言语感。

▶▶▶ 教学过程 ··

课前交流

介绍自己。格式：大家好！我姓周名晓霞，叫周晓霞。学生自由介绍。

变身名人做介绍：张秋生　苏轼　安徒生（汉斯·克里斯汀·安徒生）　诸葛亮　欧阳修　司马光

认识复姓：诸葛　欧阳　慕容　司马（书写指导：结合"同"认识"司"）

指名介绍：复姓司马名光

一、讲人揭题，找人说事

1. 今天我们要学习的一篇课文叫《司马光》，一看题目，你们就知道了些什么？（这是一篇讲司马光的文章）

2. 关于司马光，你们知道些什么呢？

（自主讲解司马光的相关故事。指名讲述：司马光砸缸救人。简述故事三要素：起因、经过、结果）

3. 简介司马光。

司马光，字君实，号迂叟，北宋政治家、史学家、文学家，主持编纂了编年体通史《资治通鉴》。

过渡：司马光可是历史上的一位大名人，名人一般多有传记，被写进历史里，《宋史》中就有专门的《司马光传》呢。司马光生活的宋代距离现在有一千多年，那么这个小故事当时是如何被记录下来的呢？（文言文）和我们现在看到的文章有哪些不同呢？我们今天就来学习学习，一边读一边交流。

二、初次相见，直觉感受

1. 出示课文内容：扫视课文，你们发现这样的语言和我们经常读到的语言有哪些不同？

发现：篇幅短小，只有三十个字。

2. 自读一遍课文：找到故事里的司马光——光。

发现：语言简洁，以名代指人。

找出文中所有的人，一一体会：群儿（一群小孩儿）　一儿（一个小孩儿）　众（大家）　光（司马光）

3. 自由练习朗读课文。

要求：①读准字音，尝试读通句子。②学会关注注释。

发现：词义深奥，不能一下子读懂。

所以读文言文大多数人要借助注释来理解。结合注释感受词语意思的不一样。

（组词：庭——庭院；省略：光——司马光；说明：瓮——口小肚大的陶器、迸——涌出；全新认识：皆——全，都）

三、细嚼慢咽，汉语有味

1. 读好字音，指名朗读交流。

（1）读好多音字。出示：没（mò méi）

请你根据自己的理解选择它在文中的读音。（此处指"沉没于水中"，所以读 mò）

（2）读好重音。"群儿戏于庭。"——一群孩子在庭院里玩游戏。（嬉戏）

根据不同的提问，读出不同的重音：

①何人戏于庭——群儿戏于庭——换人说一说（一群女子、一群小狗、一群小猫）

②群儿何事于庭——群儿戏于庭——换事说一说（诵读、散步、习武）

③群儿戏于何处——群儿戏于庭——换地说一说（草地、野外、广场、公园）

仿作一句话：何人何事于何地。（例：群猫散步于草地）

问：那么"群儿戏于庭"在这个故事的开头，重点要告诉我们什么？

（故事发生的地点）所以我们应该把重音落在什么上？（庭）

2. 读好语调。故事发生在庭院中，起因是什么？（出示：一儿登瓮，足跌没水中）

指名读。

师范读。

对比：哪个读得好？为什么？（读出意外）利用平仄声来读。

| —— |　 — |　| | —

一儿登瓮，足跌/没水中。

指名读出现场的紧张感。练习并说出想象的画面。

3. 读出人物关系：发生意外时庭院中有哪些人？

（1）标出故事中写人的词：群儿、一儿、众、司马光。

（2）请你将"群儿、一儿、众"这三词根据人的数量从多到少排列一下。（群儿＞众＞一儿）

"群儿"指在庭院中嬉戏的所有孩子。"一儿"指跌没于瓮中的孩子。"众"：一人为"人"，二人为"从"，三人为"众"。"三"在汉语里常常用来表示很多。许多人即成"众"。（书写指导：捺笔的变化、结构的安排）"众"和同样表示很多人的"群"可以组成词语"群众"。但这篇课文中的"众"不包括两个特殊的人物：一儿和司马光。用黄笔标出"众"下的两个"人"：他们是这个故事的重要人物。用红笔标出右边的一个"人"：其中主角是司马光。他有哪些"与众不同"的表现呢？"众"看到一儿跌没水中，做出的反应是？（出示：弃去）

①弃（出示甲骨文 ），双手将手中的孩子丢弃了。此处指丢下这落水的孩子。可能是？（吓坏了，想不出办法来）

②去，指离开，可能是？（吓跑了，跑去向大人求救）

光做了什么？（出示：持石击瓮破之）

指导理解：尝试说说句意。根据学生理解需要进行指导。

持什么？——持石。击什么？——击瓮。破什么？——破之。"之"

是什么？（瓮）

指名不同学生解释句意：搬起石头去砸那口瓮，瓮被砸破了。

4. 读出节奏。

（1）这是一连串的动作，标出动词：持、击、破。它们有什么不同？（持、击是举动，破是结果）

（2）根据你的想象表演朗读。

持石——学生动作；击瓮——学生动作——没破。

再来：持石——学生动作；击瓮——学生动作（用力）——破之！

（3）根据你的力气可能要砸几次，来读一读：砸几次就重复几次"持石击瓮"，最后"破之"。

（4）集体表演朗读。

真是太棒了！这瓮一下子就破了，里面的水——（哗—— 迸——）

水如何流？（哗啦啦，哗哗啦啦，哗……）

（5）对比："水哗啦啦流出来"和"水迸"，哪个更形象？（"迸"写出了水一下子从瓮中涌出来的样子）

5. 读出情感。故事的结局：儿得活。不同的人读这三个字的情感可是不一样的：司马光、被救的孩子、弃去又回来的"众"、大人、你。

6. 通读全文，尝试背诵。

四、"举"手"投"足，汉字有灵

通过学习，你们获得了哪些新的收获？

1. 认识了几个新字。

出示生字：司　庭　登　跌　众　弃　持

①请找出跟手有关的字。持——借助换部首帮助记忆。（特、诗、待）弃——"廾"，表示一双手。

②请找出跟足有关的字。跌——失足就是"跌"倒。登（出示甲骨文），上部指双脚，即"豆"，是古代的一种盛器，下方的表

示两手。"登"字表示双手捧着装满祭品的豆器走上祭台。所以"登"指向高处走。

2. 认识了一个特别有趣的文言文常用字"之"。这个"之"就像孙悟空一样，见谁变谁，比如文中司马光所击的是"瓮"，破的"之"就代表"瓮"，那么：持石击缸破之，之就是缸；持石击碗破之，之就是碗；持石击杯破之，之就是杯……你们会说上一两个吗？

过渡：看，文言文就是这样好玩儿，你们现在再讲这个故事会用什么方式来讲呢？

五、个性演绎，传承故事

1. 选择与别人不同的方式来讲讲这个故事。

2. 司马光破瓮救友的事迹被流传开来，作为一名小读者，如果你想去采访这位做好事的小朋友，你想知道些什么，又想对他说些什么呢？（自由交流）

3. 帮助我们实现穿越的最好的办法就是读书。其实在《宋史》当中，这个小故事前面还有一些内容，你试着读一读，看看知道些什么。出示：

光生七岁，凛然如成人，闻讲《左氏春秋》，爱之，退为家人讲，即了其大指。自是手不释书，至不知饥渴寒暑。群儿戏于庭，一儿登瓮，足跌没水中，众皆弃去，光持石击瓮破之，水迸，儿得活。

要想对司马光有更多的了解，可以读更多关于他的书，还有他编写的书。

（下课）

小学文言教学切莫"守株待兔"

——以《守株待兔》为例谈小学文言寓言教学

统编版小学语文教材三下"寓言单元"《守株待兔》，全文如下：

宋人有耕者。田中有株。兔走触株，折颈而死。因释其耒而守株，冀复得兔。兔不可复得，而身为宋国笑。

成语"守株待兔"出自《韩非子·五蠹》。《五蠹》全文近四千七百字，是战国末期法家学派代表人物韩非的散文，也是先秦说理文中极具代表性的作品。作者举出了大量的事实，以充分的论据、锐利的词锋于对比中指出古今社会的巨大差异，推理事实切中肯綮。"守株待兔"是韩非在文中杜撰的一例证，旨在阐明"世异则事异""事异则备变"的观点。置身时间的长河，韩非的"今"已成今日的"古"，然而其阐明的"是以圣人不期修古，不法常可，论世之事，因为之备"这种创新之道是不变的，也正是寓言的剑锋所指。

笔者认为，既然"现代""小学""语文"教材中出现"寓言"，就不能脱离汉语的语言特点来教，不能背离传统的文化语境来教，不能无视现今的时代精神来教，不能忽略学生的个性发展来教。在此借《守株待兔》所渗透的韩非思想，谈谈如何避免小学文言寓言教学中的"守株待兔"现象。

必须以汉语的方式读文言寓言

小学文言寓言教学当以培养兴趣为首位。谈及兴趣，有学生问："我们学英语是为了和说英语的人交流，学日语是为了能和日本人对话。为什么要学古文？难道是为了要和古人对话？"此问不只是一种反思式的质疑，更提出了一个语言本质的问题：文言的工具性何在？

我的回答是："我们学的是汉语，学习汉语就是为了和说汉语的人对话，包括古今所有说汉语的人。无论何种语言，要想走向未来，都得去和过去对话。"我用语言的人文性解答了其工具性的问题。事实上也只有二者融合才能真正实现语言的学习。由此，当我们触及"文言寓言"这一话题时，需要遵循的第一个原则就是：必须以汉语的方式读文言寓言。

汉语的方式就在元典之中。读改编的内容有何不妥？就像营养学中提倡喝原味牛奶，而不是以奶饮品或奶制品来替代牛奶一样，当元典被"稀释"之后，其能量发挥必将大打折扣。那么何谓汉语的方式？

1. 不要让汉语的节奏感消失

读文言，句读是第一功力。把握了句读，汉语那美妙的节奏感自然得以显现。且朗声读来。"宋人有耕者"——五字开篇，接连三个四字句——"田中有株。兔走触株，折颈而死"，事情发生得太过突然而让人紧张；随后一舒缓的七字短语——"因释其耒而守株"，让紧张的节奏得以调整，轻松惬意之感油然而生。同时，此句也较难读好，可充分发挥"而"在句中的调节作用。随后来一个四字句——"冀复得兔"，此节奏显然是越过那七字短语而与前面的四字句有了一种神韵上的关联、气韵上的相通、意蕴上的相接。结句则以"兔"顶了一下前句中的"兔"，"兔不可复得"以示承继所"守"之果。"而"既随了前事，又交代了结局："身为宋国笑。"短短三十九个字，将那田间故事描绘得栩栩如生，起落有致。"节奏"完全是由内容决定的，它所传达的不仅有音律方面的艺术效果，更有依循情节发展而呈现出来的起伏感。这一点，在白话文翻译中是人无法体味到的。

2. 不要让汉语的丰富性消失

汉语的意韵向来丰富，也由此形成一定的模糊性，这一点在诗词中更为明显。现代汉语教学日趋追求"精准",这恰恰会破坏其丰富性。所以在文言教学过程中不妨先"慢慢走"!

首先关注丰富的文化内涵。走进先秦文学,你会发现"宋人"这一特殊群体出镜率极高:揠苗助长和守株待兔的农民、智子疑邻的居民、"负日之暄,人莫知者;以献吾君,将有重赏"的讨赏者、"其狗齕人"的酤酒者、发明了"不龟手"药的医者……太多的"宋人"成为被嘲弄的对象,一切能泼的脏水都可以泼向他们。首先因为他们是殷商之后,宋国是殷族后裔所建,其地在今河南商丘一带,所谓"亡国之遗",自然为他人笑。宋国封爵为"公",与鲁比肩,按说多少应该得到一些上等待遇,可其国力实在是弱,以致墨翟就曾把楚国对宋国进攻比作百万富翁偷盗破落户,世人那种看笑话的心态可见一斑。另外作为殷人之后,宋人保留有殷人之风,于是与其他诸侯国的行事方式难免有格格不入之处。比如在与楚国作战时,宋襄公非要遵守"不鼓不成列""不擒二毛"这些完全属于贵族战争的游戏规则,这样的理念到了春秋尤其是战国时代已经不被理解,甚至成为导致失败的一个重要原因。困守其旧而被讽刺也正是"守株待兔"的创作源泉之一,可见一个"人"并不是随便抓来就说的(后文详述)。

其次强化丰富的词语含义。以《守株待兔》为例。①利用形象直观的实物呈现帮助理解。如"株""耒",利用插图即可帮助理解此事物。②强化词语在特殊环境中的特别含义。如"释"(放下)、"冀"(希望)、"因"(于是)这类词语,需引导学生在丰富的义项中准确理解。③强化词语古今意思的变化。"走"在古代是指"跑",现代意义上的"走"在速度上要慢了许多,相当于古代的"步"(保留于"散步"中)。只有理解了"走"为"跑"之意,才能合理解释兔子"触株,折颈而死"的现象。④强化汉字的根源意识。比如对"耒"的理解,它是部首字,由此引申出对于"耕、耘、耙"等字的归类与理解就显得规范而容易。"颈"为页字部,"页"表示头部,页字部的字大都跟头部相关。这样的强化利于加强学生的识字能力。⑤强化典型的文言字词。"文言教学"必有其应实现的"文言教学目标",对于小学生来说,那是一些极具文言色彩的词语。如代词"其"的借代性是文言中的一个基本常识,"释其耒"即"放下他的耕田工具"。另如《揠苗助长》中的"其人""其子""其苗"亦然。再有"折颈而死""因释其耒而守株""兔不可复得,而身为宋国笑"中出现的"而"所表现出来的关联性,不仅可以通过朗读来强化,还可以通过适当的句式模仿来强化它的运用,对提升学生的文言阅读能力极为有利。

最后必须深入感悟文言寓言丰富的寓意。教材文后思考题:"借助注释读懂课文,说说那个农夫为什么会被宋国人笑话。"——这是寓言的解读切入点。

"守株待兔"有许多改编本,比较经典的有在文末加上一句"田里已经长满了野草,庄稼全完了"。结果似乎合情合理,似乎为指明阅读方向做了帮助。可细细品味,这实在是狗尾续貂。作为人类的一种特殊情感表达,"笑"的内涵极为丰富,也有高低之分。而如此改动的"笑"便成了柏拉图所说的"不高尚的感情",即"以他人的小小的不幸或缺欠为对象"。韩非这里绝非对其"田里已经长满了野草,庄稼全完了"带有"幸灾乐祸"色彩的笑,他更注重对宋人"复得兔"的思维及行为方式的讽刺。"田里已经长满了野草,庄稼全完了"只是"释其耒"之后极有可能(仅是可能)出现的一个附带现象。如果非要将"田里已经长满了野草,庄稼全完了"作为故事的结局,则不但窄化了故事本身的丰富性,也无法抵达韩非想表达的"是以圣人不期修古,不法常可,论世之事,因为之备"这一深层内涵,那充其量就是个小笑话而已。

3. 不要让汉语的生长力消失

尊重元典,不仅可以品味出文言的丰富性,还能关注到汉语生长力的萌发点。任何对元典的改编都是带有主观意向的,这可以作为阅读理解的丰富行为,却切不可成为窄化阅读思维的一种实施行为。

"田里已经长满了野草，庄稼全完了"仅仅是"因释其耒而守株"可能出现的一种状况。且不去讨论其可能性与逻辑性（如其家人可以继续种田、他掌握了科学的种田方式、他只是想由农人转型为猎户……），顺其思维，即可发现一个典型的中国式思维：笑的是种田人的"失去"——"田里的庄稼全完了"，而不是笑种田人"获取（冀复得兔）"的途径——"因释其耒而守株"。人们可能因为贫穷而羞愧，却不为自己的愚蠢而羞愧，这就是窄化思维所带来的思想偏移，这就是文言教学中出现僵化的根源。由此可见，僵化思想的不是文言元典，而是所谓有话语权的人，在社会结构上表现为统治者，在课堂上就化身为教师这样的主导者。

对元典的个性解读促进阅读视角的丰富，然而当其作为一种文本传播，成为唯一的标准答案时，不仅对原文是一种伤害，更可能带来一种"三聚氰胺"式的危害——这正是几千年来封建统治者麻痹民众的法宝，也是许多具有创新精神的反对者所指责的，因为它让汉语丧失了生长力。

必须以源头的角度读文言寓言

只停留于对文中种田人"不劳而获"思想的批评，显然窄化了韩非的原意，将批判的矛头由思维方式的偏差转向了道德品质的缺陷。诚然，"不劳而获"的思想倾向是促成"守株待兔"这一思维模式的一个重要因素，但致使耕者"身为宋国笑"的本质原因，在于他视"守株"为行之有效的收获途径而"释其耒"的决断。

借此审视当今国学学习较为流行的一种做法："要大量背诵，哪怕是不理解也要背诵，长大了自然就懂了。"试问几千年的私塾，有多少先背了再说的学生？而真正成为大家者几何？事实上国学大师绝非"背"出来的。叶嘉莹先生回顾自己童年读诗生活时，说自己信步所至，长辈无不谈诗论文，她会在不同的场所、不同的时段、不同的亲人那里获得不同而又相关的滋养，或是对诗句的解释，或是见解上的补充，或是相关的故事演说。诗文学习如此，寓言阅读亦然，文言寓言必须放置到其产生的历史源头去解读，这样才能真正走进汉语的内核，感受其孕育着的能量。

1. 言说的目的

寓言是目的性最为强烈的一种文学创作，纯粹是为了说明一个道理而创作的故事，所有寓言中的人物及事件都极具夸张性。历史进入先秦时期，政治结构决定了"学术"的重要性，激发智者思考。该时期也是中国文学史上寓言创作的黄金时期，《庄子》《孟子》《韩非子》《吕氏春秋》以及《战国策》等书中都出现了大量的寓言故事。因为寓言可以简洁明了地说明事理，又因其委婉的方式易于被接受。可以说寓言是谋士们服务于君王的一种特别通行证。

作为法家学说集大成者，韩非的目的很明确，就是要用创新的管理体系来更替陈旧的体系。而要君王接受新的，必须告知其旧的行不通，所以他开篇即讲述这么一个纯粹杜撰的故事。寓言的形式体现出其所有元素都带有一定的寓意。前文提过"宋人"即为殷人，也为前人，是陈旧体制的载体，也是韩非想革除的理念的代言人。"耕者"即种田人，耕作一片土地，象征治理一方国土的君王；"株"者，本义为植物露在地面上的茎和根，文中指树桩，而不是有生命活力的树，由此可见其象征着残破陈腐的国家机器。"兔"即为利益。疾走之兔转眼成死兔，这是株的功劳；而希冀之兔、不可复得之兔则是一种虚无的利益，一种渴求的利益。"身为宋国笑"，笑"宋人"者往往也是"宋人"，揭示了笑人之人常常自己都未必清醒的图景。

《五蠹》全篇理论都可在这三十九字中找到各种对应，意在让君王接纳、推进他的法家思想，这种明确的言语目的成为文言寓言标志性的特征。"螳螂捕蝉"如此，"南辕北辙"如此，其他众多文言寓言的诞生皆如此。

2. 言语的机智

服务于君王是一种荣耀，但同时也存在着极大的危险，即所谓"伴君如伴虎"，所以"言语的机智"成为揽"谏"这般瓷器活儿的"金刚钻"。比如《螳螂捕蝉》中吴王面对众多欲谏者，下了死命令："敢有谏者死！"故事中少孺子进谏的成功，除了审时度势、选时选地的智慧，最终要归结于其言语上的技巧，即"螳螂捕蝉，黄雀在后"之事。可见将寓言放到原创作的时和境，能让人更加真切地感受到寓言所透射出来的言语智慧。

那么，自恃有治国良策的韩非如何让君王接受他的理念呢？纵观三皇五帝的历史演进、分析利害得失固然能呈现博学之才、宏韬伟略，而以《守株待兔》这样轻松的小故事，寓大道于寥寥数语之中，逐层推进，其智慧非常人所及。宋人——种田之人，可推及所有守旧之人；株——田间之物，可象征一切固有之物；兔——眼前小利，可推及国家大业。这样的故事所具备的思维推动力，正是文言寓言的另一特色，也是其成为千古经典之原因所在。

3. 思辨的系统

与一般故事相比，寓言故事的情节往往是不够严谨的，所以寓言中的细节常常是经不住推敲的。若问《鹬蚌相争》中的蚌用壳夹着鹬的嘴，它们何来对话？若非要指导《南辕北辙》中的人如何辨认方向……诸如此类精密的细节推理和"脑补"实在是偏离了寓言的本质。按此思维，硬给"守株待兔"加上"田里已经长满了野草，庄稼全完了"的结尾，从文本来说，承接于"释其耒"，从编者来说，与其所处时境有密切关联，从阅读价值来说，也有助于强化"不劳而获"带来的后果意识。这似有其合理的一面，但要想对文本进行全方位的深入解读，必须要将其放到源头——《韩非子·五蠹》中进行一个言语系统的理解。

这不是对小学生的要求，而是对语文老师的一个基本要求。只有拥有了这样一个庞大的思维体系，老师才可能给学生一个更为广阔的思维空间。读经典如此，教经典更应如此，只有进入了原作者的话语系统和思维系统，才能更好地解构与创建。

必须以现代的思维读文言寓言

"今欲以先王之政，治当世之民，皆守株之类也。"——这才是韩非对此故事的真正评价。教学亦然："今欲以先人之法，教当世之生，皆守株之类也。"在此姑且不论及法家思想之得失，只聚焦于韩非子主张改革，要求"废先王之教"的创新思想。

随着小学文言的出现，许多老师照搬中学文言教学的方法（事实上中学许多文言教学方法也只是一张"旧船票"），而置时代与小学生的年龄特点于不顾，显然与韩非子所质疑的用过去的治国方略来治理当今的百姓一样，都是在犯守株待兔的错误。

回归元典恰恰是为了创建未来。元典中的精髓就是我们生长的活力。"田里的庄稼全完了"正是改编者从元典中所汲取的一个思考方向，教学中我们可以充分调动学生的思考力，进行极富时代气息的丰富解读。

比如在讨论"那个农夫为什么被宋国人笑话"这一问题之后，不妨帮"冀复得兔"的"种田人"想想可用哪些有效方式来实现。这样就承继了韩非对于"方法"的思考，同时也贯彻了以实践促思考的策略。

另外，需将思维"国际化"：将文言寓言的阅读与现代寓言乃至西方寓言相贯通，得到不同思维的碰撞，会产生更多的创新火花。比如虎口脱身的狐狸、骗乌鸦嘴中肉的狐狸、吃不到葡萄的狐狸，还有世界著名的列那狐，它们之间有哪些相同之处，又有哪些不同之处？为何不让它们在读者的脑中"相遇一下"？

将寓言放回"原处"是为了寻其根脉，将寓言置身时代是为了正常呼吸，只有这样寓言才能健康地走向未来，在那里抽枝长叶，开花结果。

必须以发展的要求读文言寓言

典籍的价值正在于它们可以属于任何一个时代、任何一个群体。在历代的统治阶级眼中，他们需要的只是能为自己统治所用的人才，而科举制度的推行逐渐将人才模式化，甚至机械化。明清的八股考试之法对内容有诸多限制，考生不能抒发己见，严重禁锢了考生的思想。如果现在教学文言仍然以这样的模式，必然导致"坐以待毙"的结局。

纵观教材的单元体系，除文后"阅读链接"安排的《南辕北辙》之外，本单元的课文、单元练习、日积月累的栏目、"快乐读书吧"所列皆为古今中外寓言。在如此集中的主题单元中，一篇来自远古的文言寓言教学应该置于何种地位？教学过程中又该遵循哪些原则？目标指向又在何方？必然有其新的思考与定位。应借助文言的丰富性，寓言的象征性，充分发展儿童的个性阅读。比如安排一些富有挑战性的趣味思考："得兔"的经历，让种田人有了哪些方面的改变？——让从来没吃过兔肉的家人尝到了美味；兔皮制成了一顶暖和的帽子；用兔子去赢得了一位姑娘的欢心；在集市上卖了份好价钱，远远超过了种田的收入；以为"狩猎"远比种田来得轻松……这样的个性体验式思路一旦打开，不仅激发学生丰富的想象，允许不同价值观的交流，更刺激了对"冀复得兔"之迫切的理解。

寓言是"来源于生活而高于生活"的典型，所以读者切不可以用读常规故事的方式来读寓言。"文言寓言"是中国式的寓言典型，所以要以中国的方式切入。现代课文是指向汉语教学的时代产物，必须以发展的眼光去审视。而当这一切都发生在小学时，我们必须将所有的目标都归向人的思考——小学生的个性特征及发展规律。综合可见：小学文言教学必须走出一条属于自己的路，若采取简单的"拿来主义""守株待兔"，必然走进一条死胡同，甚至激发又一轮的"白话运动"，被"革"其"命"。

情理相"守"　智慧得"兔"

——《守株待兔》教学设计

▶▶▶ **教学内容**

统编版小学语文教材三年级下册第 5 课

守株待兔

宋人有耕者。田中有株。兔走触株，折颈而死。因释其耒而守株，冀复得兔。兔不可复得，而身为宋国笑。

▶▶▶ **教学目标**

1. 读准字音、句读，读懂课文，熟读成诵。

2. 学会本课生字词，感受"而"字在文言中的妙处和趣味。

3. 结合课后延伸阅读，进行实现目标与策略运用的初步思辨。

▶▶▶ **教学重、 难点**

1. "而"字句式的体会。

2. 对于寓意的理解与思辨。

▶▶▶ **教学过程**

第一课时

一、谈话导入

1. 今天我们要学习的是一篇"文言""寓言""故事"，你们对这三个词语中的哪一个更感兴趣呢？根据学生的选择，对"文言""寓言""故事"做简要的解释。

文言——预设：古人用来记录的书面语言或古人写文章用的语言。

（规范概念：指的是以古代汉语为基础的、经过文体加工的书面语。）

寓言——预设：通过一个小故事告诉人们一个道理。

（规范概念：是用比喻性的故事来寄托意味深长的道理，给人以启示的文学体裁，字数不多，但言简意赅。）

故事——预设：已经发生的事，或者想象的事。

（规范概念：在现实认知观的基础上，对其描写成非常态性现象。是文学体裁的一种，侧重于事件发展过程的描述。强调情节的生动性和连贯性，较适于口头讲述。）

2. 看来大家最为熟悉又最为喜欢的是"故事"，那么，你们可以说说一个完整故事的基本要素吗？（人、时、地、事：起因、经过、结果）出示：五个句号。这就是我们今天要读的故事，你们感受到了什么？（五句话，很短）

3. 对，文言相对于白话文来讲最大的特点就是短小精炼，那么这五句话表现了一个怎样的故事呢？故事背后又藏着什么道理呢？你们想知道吗？爱听故事的人想象力都是极为丰富的，希望今天这节课，你们能插上想象的翅膀，快乐地在故事中飞翔。

▶▶▶ 设计理念

文言文之于小学语文教学，重点在于情趣的培养，尤其对刚正式接触文言文的三年级学生来说。上学期学习了第一篇文言文《司马光》，可能许多学校还有辅助的课外阅读，学生对于"文言"已经有了一个初步的感知，在此用三个词语帮助学生梳理一下本次教学的文体特点。文字：文言；体裁：寓言；形式：故事。这种梳理利于学生形成一个简单的阅读思维框架。

二、由"兔"说起

出示故事中的一个重要角色：兔。

1. 说说你们联想到的一些故事。（《龟兔赛跑》《守株待兔》……）

2. 面对这个故事中的兔子，你们想知道些什么呢？（做了些什么事情？是一只怎样的兔子？它的结局如何？）

3. 这个故事中的兔子结局有点惨。（出示：死）

4. 说说一只兔子可能是怎么死的。（学生发挥想象，各种猜测）

5. 出示：折颈而死。

这句文言，你们知道是什么意思吗？（折断了脖子死了）大家刚才猜测的各种死因，也可以用这样的文言句式来说一说。

被猎人的箭射中了——中箭而死；吃了毒蘑菇死了——中毒而死；被猎人的枪打中了——中弹而死；掉到河里给淹死了——溺水而死……

过渡：回到文本中来，这只兔子怎么就折颈而死了呢？

6. 出示：兔走触株。

提出疑问：①怎么"走"着就触了株？②"株"的意思。

理解：走——文言中的"走"为"奔跑"。株——植物露在地面上的茎和根。（出示甲骨文字图）

7. 读句子：兔走触株，折颈而死。

提问：由此再往前推，你们会问些什么？这场事故发生的地点也很重要哦！（出示：田中有株）指名简述两句话的意思。

过渡：故事原文没有交代兔子为何奔跑，看来它并非故事的主角，或者说它是怎么来的在这个故事里并不重要。那我们再往后看看，这兔子死了，后面又出现了一个"兔"字，你能根据前面的这个情节给这个"兔"字组词吗？

（吃兔、捡兔、煮兔、烤兔……）

（出示：得兔）

提问：谁得到了兔子？根据场景，你们觉得得到兔子的最有可能是什么人？

▶▶ 设计理念

从读故事的角色入手，用一个"兔"字来激活学生已有的知识和生活经验，让他们积极参与到故事的阅读中。利用对兔子死因的猜测，借助学生对于情节关注的热情，因势利导进入"（   ）而死"句式的轻松训练。内容是前一环节的经验带入，而句式是文本的理解体现，所以此处安排这样的句式训练，水到渠成，自然有趣。

三、"得兔"之人——耕者

1. 出示：宋人有耕者。

理解：宋国有一个农民（种田人）。再读画面上的文字："宋人有耕者。田中有株。兔走触株，折颈而死。得兔。"故事显然并没有这么简单。

2. 出示：冀复得兔。

理解：冀——希望；复——再次。

既然这里说希望再次得到兔子，那第一次"得兔"应该在什么时候？（在"折颈而死"后面隐约出现"耕者得兔"）

作为一个种田人，意外地得到了一只兔子，那心里实在是美。兔子被带回去后，不知是烧烤了、炖汤了，还是红烧了，总之是天上掉下来的美味，所以想再次得到一只兔子是极为正常的。请你们想象一下，如果是你，想不想再次得到兔子呢？你们有哪些办法可以再得到一只兔子呢？

学生自由想象发言，预设：到兔子窝边去守；向猎人学习打猎；挖个陷阱说不定有兔子会掉进来；买两只兔子回家养着生小兔子；好好种庄稼，用卖了粮食的钱去买兔子……

而这位种田人用的是什么办法呢？

3. 出示：因释其耒而守株。

理解：因——于是；释——放下；耒——（图解、"耕"字结合）

耕者释其耒而守株，那么如果是不同身份的人，放下的可能是什么呢？结合你的日常观察来回答：如果是一位捕鱼人——因释其网而守株；如果是一位读书人——因释其书而守株；如果是一位牧羊人——因释其鞭而守株；如果是一位采茶人——因释其篮而守株……

过渡：总之，就是放下自己手头的本职工作不干了，来守着。你认为这样的方法有效吗？

▶▶ 设计理念 ⋯⋯⋯⋯⋯⋯⋯⋯⋯⋯⋯⋯⋯⋯⋯⋯⋯⋯⋯⋯⋯⋯⋯⋯

解读文言文本，必须先回归其源头去思考。本文出自韩非子的《五蠹》，而原文中举此例就是为了说明"今欲以先王之政，治当世之民，皆守株之类也"。作者举出了大量的事实，于对比中指出古今社会的巨大差异，论据充分，词锋锐利，推理事实切中肯綮，就是为了劝君王不要墨守先王的政治策略来管理当代的民众、治理全新的国家。因此耕者身上所体现的"不劳"只是一个表象，"不作"才是本质，而"如何复得兔"才是实现目标的真正思维途径。因此这样的参与过程不只是对文本的理解，更是其内涵诠释的现代价值所在。

四、"而"字句式

1. 出示：兔不可复得，而身为宋国笑。

理解句意。这就是故事的结局：①没有得到兔子；②成为别人的笑谈。这两个结局被一个奇妙的字连在了一起：而。

2. "而"在课文中出现过三次，请画出带"而"的句子：①兔走触株，折颈而死。②因释其耒而守株，冀复得兔。③兔不可复得，而身为宋国笑。

解析：在"而"的前后必定各有一件事情发生。它就像一位特别善于协调的人，能将前后两者手拉手连起来：①连接的是前因和后果；

②连接的是两项事务；③连接的是两个不同的结果。

尝试用"而"说一句话。

3. 读全文。

4. 遮盖演示，引读（背）全文。

这个故事的主要人物是：（宋人有耕者）

故事发生的地点背景是：（田中有株）

在这里有一件突发事件：（兔走触株，折颈而死）

这次意外的收获使耕者：（因释其耒而守株，冀复得兔）

如此守旧而固执的结局是：（兔不可复得，而身为宋国笑）

5. 指名"读"故事。

五、"笑"的延伸

1. 突出"笑"。人们笑耕者什么呢？[笑其蠢（笨、懒），方法不对：得到一个偶然的经验就抱定不放，是不可能解决问题的；或者一次偶然的经验是不能作为解决问题的办法的。]

2. 比笑话他更好的做法是教导他：……如此，兔可复得。

把你们刚才想到的那些妙主意告诉他吧。师扮演耕者，学生"路过"劝告——对话表演。

3. 师（耕者）：谢谢大家的帮助！你们帮我打通了思想，我已经有了我的选择。其实，每个人都希望自己能意外地得到一些东西——可能是一只"兔子"，可能是一只"羊"；可能是一个"人"，可能是一件"事"；可能是某一个"名"，可能是期盼的"利"；可能是一个小小的"愿望"，可能是一个民族的"期望"……但如果只知道凭借旧有的经验去解决，那肯定是行不通的，甚至会成为别人的笑话。不过，有一天，这位耕者在路上遇到了这样一个人——

4. 出示课后阅读链接：《南辕北辙》。

六、作业

1. 阅读《南辕北辙》。
2. 请根据阅读思考：当耕者遇到去楚者，又会发生些什么呢？

▶▶▶ 设计理念 ⋯⋯⋯⋯⋯⋯⋯⋯⋯⋯⋯⋯⋯⋯⋯⋯⋯⋯⋯⋯

　　文本特质决定课堂教学本质，文言文就应该具有文言味。何为文言
味？典型的文言词句就是文言味儿。就本文来说，最值得玩味的莫过于
"而"字。在前面的教学环节中，借兔子的死因和不同身份的人所"释"
之物进行过训练，对于带"而"的句式学生已经有了一定的学习基础，
在此环节，将其重点强化，以形象的方式让学生对其功能形成初步印象，
在充满乐趣的学习氛围中使他们对文言常识有了一定的了解。

第二课时

一、回顾

1. 诵读（背）《守株待兔》。
2. 说说农夫为什么被宋国人笑话。

过渡：奖励大家听一个故事。

二、师讲述《泓水之战》的故事（附改编内容）

泓水之战

　　春秋时期，中原地区的第一个霸主齐桓公去世后，各国诸侯顿时失
去了一匡天下的领导人，一片散沙。素被中原列国称为"蛮夷之邦"的
南方强国——楚国企图乘机进入中原称霸。一贯自我标榜仁义的宋襄公
想出面领导诸侯抗衡楚国，继承齐桓公的霸主地位，进而伺机恢复殷商
的故业，也算为祖上争点光彩。

　　且说宋襄公虽然雄心勃勃，但毕竟国力有限，大家都不看好他。在

盂地（今河南省洛阳市孟津）会盟前，公子目夷（宋襄公的庶兄）建议多带兵车，以防不测。宋襄公拒绝了，认为要表示自己的诚意就应该轻车简从前往。而楚成王才不顾什么合不合礼仪，派手下的军队活捉了宋襄公，还押着宋襄公乘势攻打宋都商丘（今河南省商丘市），幸亏公子目夷率领宋国军民进行顽强的抵抗，才遏制了楚军的攻势，使其围攻宋都数月而未能得逞。后来，鲁僖公出面调停，楚成王才将宋襄公释放回国。

宋襄公遭此奇耻大辱，真是气不打一处来。他既痛恨楚成王的不守信义，更愤慨其他诸侯国见风使舵，背宋亲楚。他自知军力无法与楚国匹敌，暂时不敢主动去惹犯它，就先把矛头指向臣服于楚的郑国，决定兴师讨伐它，以显示一下自己的威风，挽回自己曾为楚囚俘的面子。大司马公孙固和公子目夷都认为攻打郑国会引起楚国出兵干涉，劝阻宋襄公不要伐郑。可是宋襄公却执意伐郑，振振有词地为这一行动进行辩护："如果上天不嫌弃我，殷商故业是可以得到复兴的。"郑文公听说宋师大举来攻，立即求救于楚。楚成王果然迅速起兵伐宋救郑。宋襄公得到这个消息，才知道事态十分严重，被迫急忙从郑国撤军。

周襄王十四年（前638）十一月初一，楚军进抵泓水南岸时，宋军已占有利之地，在泓水北岸列阵待敌。宋军已摆好了阵势，楚军还没有全部渡过泓水。公子目夷对宋襄公说："对方人多而我们人少，趁着他们还没有全部渡过泓水，请您下令进攻他们。"宋襄公说："不行。"楚国的军队已经全部渡过泓水还没有摆好阵势，目夷又建议宋襄公下令进攻。宋襄公还是回答说："不行。"等楚军摆好了阵势以后，宋军才去进攻楚军，结果宋军大败。宋襄公大腿受了伤，他的护卫官也被杀死了。宋国人都责备宋襄公指挥不当，但宋襄公并未认识到自己的错误，向臣民解释说："有道德的人在战斗中，只要敌人已经负伤就不再去杀伤他，也不停房头发斑白的敌人。古时候指挥战斗，是不凭借地势险要的。我虽然是已经亡国的商朝的后代，却不能进攻没有摆好阵势的敌人。"

三、谈谈"宋人"

1. 请根据理解说说宋襄公失败的原因。

2. 谈谈宋襄公和耕者之间相通、相同之处。

小结：宋人为殷商之后，又有这样一些典型的守旧故事，所以在许多寓言故事中，宋人常常是被取笑的对象，如《揠苗助长》《智子疑邻》等。

▶▶▶ 设计理念 ···

文言文阅读教学本身就是一个溯源的过程，如何让源头最为鲜活的水被调度至现代儿童面前，一定要顾及儿童的认知水平和能力。比如《五蠹》中的法家思想对于现代的三年级学生来说就是不必也无法抵达的，那么就要化为充满趣味的思维方式来达成。而对于"宋人"形象的概念，我们不妨在此用故事的形式形成一种有趣味的文化意象去追溯。对于三年级学生来说，拓展阅读的方式未必都是以文本形式出现，他们更喜欢听老师讲故事，这样改编后的故事既调动了学生阅读历史文献的兴趣，又达成了对后面教学环节的深度思考。

四、说说你对他们的评价（自由表达）

其实当时宋襄公身边的目夷就说过："您不懂得作战的道理。强大的敌人因地形不利而没有摆好阵势，那是老天爷帮助我们。敌人在地形上受困而向他们发动进攻，还怕不能取胜？当前的具有很强战斗力的人，都是我们的敌人。即使是年纪很老的，能抓得到就该俘虏他，头发花白的敌人又有什么值得怜惜的呢？敌人受了伤，还没有死，为什么不能再去杀伤他们呢？不忍心再去杀伤他们，就等于没有杀伤他们；怜悯年纪老的敌人，就等于屈服于敌人。军队凭着有利的战机来进行战斗，鸣金击鼓是用来助长声势、鼓舞士气的。既然军队作战要抓住有利的战机，那么敌人处于困境时，正好可以利用。既然声势壮大，已充分鼓舞起士兵的斗志，那么，攻击未成列的敌人当然是可以的。"

五、延伸阅读《南辕北辙》

1. 指名分角色读《南辕北辙》小故事。

2. 你如何评价这位"去楚者"？

预设：糊涂——光知道去楚国，却选择了相反的方向，真是越走越远。固执——根本就不听人劝告。

六、思辨

1. 出示：当耕者遇到去楚者，又会发生些什么呢？

2. 对话练习：请根据自己的理解写一写"宋耕者"和"去楚者"的对话。

宋耕者：＿＿＿＿＿　　去楚者：＿＿＿＿＿

宋耕者：＿＿＿＿＿　　去楚者：＿＿＿＿＿

3. 交流。根据交流，点评指导，重点强调方法不当、方向不清，定然难以成功。

▶▶▶ 设计理念

至此，寓言的体裁特质抵达一定的高度，对故事情节与角色的分析已经一路促使学生在思考。而通过课外补充的《泓水之战》和教材阅读链接的《南辕北辙》这两则故事，学生已经对"实现目标"过程的重要性有了深入的思考。安排"宋耕者"和"去楚者"的"相遇"，既体现了寓言虚构性的特点，又设置了思维的碰撞，激起更多火花，将阅读的效能最大化。

七、作业

尝试阅读文言《南辕北辙》。附原文：

今者臣来，见人于大行，方北面而持其驾，告臣曰："我欲之楚。"

臣曰："君之楚，将奚为北面？"曰："吾马良。"臣曰："马虽良，此非楚之路也。"曰："吾用多。"臣曰："用虽多，此非楚之路也。"曰："吾御者善。""此数者愈善，而离楚愈远耳。"

——《战国策·魏策四》

▶▶▶ 设计理念 ⋯⋯⋯⋯⋯⋯⋯⋯⋯⋯⋯⋯⋯⋯⋯⋯⋯⋯⋯⋯⋯⋯

　　文言起，文言结；寓言始，寓言终；故事进入，故事远去。一段阅读的结束，正是另一段阅读的开始⋯⋯

精之凝聚　神之永恒

——《精卫填海》文本解读

精卫填海

炎帝之少女，名曰女娃。女娃游于东海，溺而不返，故为精卫，常衔西山之木石，以堙于东海。

此篇文言节选自《山海经·北山经》，入选神话主题单元。关于神话，中国文学史上最权威的莫过于鲁迅在《中国小说史略》中所给出的定义："昔者初民，见天地万物，变异不常，其诸现象，又出于人力所能以上，则自造众说以解释之：凡所解释，今谓之神话。"而教材对于单元教学主题如是解："神话，永久的魅力，人类童年时代飞腾的幻想。"同单元的课文有《盘古开天地》《普罗米修斯》（后附阅读链接《燧人取火》）《女娲补天》，皆为白话文。作为小学语文教材中继《司马光》和《守株待兔》之后出现的第三篇文言课文，如此短小的两句话，其中蕴含着怎样丰富的教学元素？成就着汉语怎样厚重的文化传承？延伸着怎样深远的精神影响？值得我们认真玩味与解析。

形之解读

读事读人，故事必然注重人物形象塑造，教材就神话创作特色提出了要"感受神话中神奇的想象和鲜明的人物形象"。无论阅读的水平、能力和视角如何，读完故事，必然对其中的人物有属于自己的印象，因此对主要人物形象的把握是首位的。而在这个故事中，主人公的形象本身就具有传奇色彩：她前后是变了形态的。

1. 本形——女娃

"炎帝之少女，名曰女娃。"——开头直接交代了主人公的身份和性别。

作为中国人，对于"炎帝"或多或少都有了解，再不济也无数次听说过"炎黄子孙"这个词语。他是中国上古时期姜姓部落的首领，传说是由于懂得用火而得到王位，所以称为炎帝。炎帝另有许多称号，最著名的当是"神农氏"。相传炎帝牛首人身，他亲尝百草，发展用草药治病。当然相关的传说还有发明刀耕火种、教民垦荒种粮、制造陶器和炊具等。从神农氏起姜姓部落共有九代炎帝，没有交代这"女娃"是哪一代炎帝之女，但没有特殊注明的情况下所说的炎帝一般指神农氏。无论是东方还是西方，但凡民间流传的故事，神话也好，童话也罢，借帝王之子女身份的极多。本篇的女主即为炎帝的小女儿，这样的身份足以引发人们联想起"高贵""美丽"等词汇。

而"女娃"，不只是性别的提示，更有"美好事物"的化身之感。"名曰"也即炎帝给女儿取的名字叫"女娃"，而这样的名字自然可以解释为女孩儿，甚至小女孩儿。总之，仅这两个字就令人自然联想到"花季少女"——这是人世间最圣洁、最美好事物的化身。这样一个原本应该被呵护的形象被大海所吞噬，人们被激发的情感不只有对失去生命的人的同情，更自然地会产生一种强烈的悲剧化的痛惜。

2. 变形——精卫

"炎帝之少女"的身份，不仅使其具有高贵的血统，更是有了神的血统：她可以"不死"——用不同的形态来延续自己的生命。故事只赋予了她灵魂不死，她却永远地失去了原初的形体——这正是她愤恨并欲填平东海的原因。这种形态上的变化是神话小说中常用的手法，也即历代中国文学中常常有的人神淆杂现象，有的人随时可生成新神，而那些旧神有时也可以转换身份，或是神附凡体等。原本的女孩"溺而不返"，再次出现则换了形象——一只鸟。原文中记载精卫的形象是"其状如乌，文首，白喙，赤足"，而且还有鸣声——"其鸣自詨"，因此名曰"精卫"。

虽然"女娃"与"精卫"具有两种不同的形态和名称，但实为一人。笔者认为这也就是编写者为何将整个文本的第二部分内容以一句来呈现的原因所在："女娃游于东海，溺而不返，故为精卫，常衔西山之木石，以堙于东海。"从内容上来理解，前面"游于东海""溺而不返""为精卫"皆为女娃所为；后面的"常衔西山之木石，以堙于东海"已经是精卫所为了。而恰恰因为精卫是女娃所变化，本为一体，"常衔西山之木石，以堙于东海"也即女娃所为，因而凡此种种以一个主语"女娃"统领。

3. 象形——符号

结合鲁迅的定义，再从创作学的角度来解读，可以推断此神话的创作过程应该是这样的：人们见发鸠山上有一种"其状如乌，文首，白喙，赤足"的小鸟，有一种异于他鸟的举动——"常衔西山之木石，以堙于东海"，对于它为何如此，实在找不出合理的解释，只能以人的思维理解它意在"填海"。"填海"即为"灭海"，"灭海"必因"恨海"，"恨"从何来？海之最可恨者，莫过于夺走人的生命。"则自造众说以解释之"而成《精卫填海》。所以其原文先述鸟形，后解释。

又北二百里，曰发鸠之山，其上多柘木，有鸟焉，其状如乌，文首，白喙，赤足，名曰"精卫"，其鸣自詨。是炎帝之少女，名曰女娃。女娃游于东海，溺而不返，故为精卫，常衔西山之木石，以堙于东海。漳水出焉，东流注于河。

由此可见一只鸟被抽象成了一个"复仇者"形象的过程。最初人们也就用"精卫填海"比喻仇恨极深，而立志报仇雪恨，当然对其解读也并非一味正面，如清代阮葵生在其《茶余客话》中就有"宾南如精卫填海，每不自量"的说法，将其直接等同于"不自量力"。可整体上随着各个不同层面阅读者的感悟和解读，精卫渐渐地被"意志化"：比喻意志坚强，不畏艰难。后又将"颂扬善良愿望和锲而不舍精神"综合而成一种品质，成为儒家"明知不可为而为之"的形象代表，成了一种精神符号。

精之解读

神话属于故事范畴，因此故事的所有元素它都是具备的。而就教学的角度来说，教材就故事本身的学习提出了"了解起因、经过、结果，学习把握文章的主要内容"的要求，这也是一个阅读的提炼训练要求。而代代相传的神话故事，其内涵自然也要经历这样的一个提炼过程。精卫填海透着一种怎样的凝结呢？

1. 凝而聚之——精气不散

就生物学来说，但凡有生即有死，有始即有终。可有了思维的生物一旦认识了这一规律就会进入对其无限的对抗中去：力求打破这种终结的规则。最为理性的解释即"物质不灭定律"；最为生物学的办法就是传宗接代，生生不息；而更多的"浪漫"理论则是"精神不死"。

作为肉体凡胎的女娃，溺水而亡，其生命也即终结了。而面对如此美好的生命，不愿意其消失的人太多了。不只是给予她生命的父母，还有其他爱她的人，甚至我们这些几千年后的读者也都觉得可惜。于是找到了解决的办法：神话。让死不瞑目的女娃形体消散，聚其精气而重新塑造一个鸟的形象。

2. 天人聚之——精炼不凡

精卫——成了一种精灵，一个结合体。她是现实与想象的结合体：她有女娃溺海的经历记忆，更有对东海怨恨的记忆。她是生死的凝结物：写女娃的死就是写精卫的生，让生死有了一种衔接、一种交替、一种升腾。她是凡尘与神灵的结合体：鸟，具有了像神仙一样飞翔的本领，有摆脱海之纠缠的本领。可面对复仇的愿望，她又只能像（甚至还不如）

凡人那样一根树枝一根树枝、一块石子一块石子地去"填海"。所以她有了一种卑微的不平凡，是天人合一的产物：具有人之情感和意志，不失自然规律之约束。

3. 生死聚之——精神不灭

从朴素而变态的"物质不灭定律"来理解：万物是会互相转换的。最宗教化的理论莫过于佛教中的轮回说。就女娃来说，其轮回又不只是生与死，还有爱与恨：女娃游于东海之时，应该说对东海是喜爱的，起码是无恨的；而因为被夺走了生命，才转生出对东海的怨恨情感。正是这种怨气不散，方有变身精卫之后的填海行为。可见形态是可变的，而精神层面的东西却是不变的，这种不变就促成了精神的不死。但精神层面在被解读时，又是不断被改变的，其意义和价值会因解读者的身份、经历和角色的不同而进入另一种生命与生命之间的精神轮回。就像精卫填海之举原本被理解为一种复仇者的行动，而其行为本身又被人读出了不自量力和坚持不懈，诚如人们对"明知不可为而为之"的左右之见一样，每个人都可以化身"精卫"，做出自己的选择。

神之解读

对于神话的理解，必须首先建立在其神话原型之上，就像能读到"一千个哈姆雷特"的"一千个读者"必须就"哈姆雷特"本身的故事做出个性解读一样，我们对于精卫的填海之举，必须就其行为本身从不同的视角解读。

1. 传承——文明承继

之前谈及"炎帝之少女"的身份，决定了女娃的高贵和神化，而同样有人从"炎帝"这一形象中读到了另一份传承：造福于人。炎帝之所以得到华夏子孙的敬奉，不仅是"生而神灵，弱而能言"，以及与黄帝联手制服蚩尤还天下苍生以安宁，而且他还亲尝百草，帮助人们医治疾病：

民有疾，未知药石，炎帝始草木之滋，察其寒、温、平、热之性，辨其君、臣、佐、使之义，尝一日而遇七十毒，神而化之，遂作文书上以疗民疾，而医道自此始矣。

另外，他还发明各种农具、炊具，提高人们的生活质量。这就是"民生"问题了。于是有人觉得既然是炎帝之女的女娃，对于东海的个人恩怨是在其次的，觉得她是为了"不再让更多的学生溺水"而"填海"。于是就有了一种以天下为己任的文明传承。这是崇高化的精卫形象。

2. 思维——女性柔韧

相对于神话中诸多神灵来说，精卫的神力实在是弱小得如同凡人。可以说其行为不仅是人性的，而且是很东方的。盘古、夸父、后羿这样的男神，他们的所作所为都可谓壮举：能创造一番新的天地、有锲而不舍的壮烈、可以为民造福的改变……西方神话中的男神自不必说，其中的女神也不至于如此柔弱琐碎。就像女娲"生学生"（造人）、"生炉子"（炼石）、"缝补"（补天）一样，精卫的行为和思维方式都是"女娃"式的：用一根根树枝、一块块石子去填海——她只有这样的能量。然而正是这种柔弱和琐碎让我们读到了一份坚韧，一种坚强不屈的意志，使其弱小的能量得以无限放大。

3. 理念——不可而为

人对于自己行为的结局无非有两种态度：可期待和无可期待。也许每个人都认定自己只做"可期待"之事，但事实上并非如此，我们常常是在本"无可期待"的状态下坚定地认为自己是"可期待"的。这样的现象从负面说就是"人心不足"：满足了"可期待"必然再生出"无可期待"；而正面来说就是更高层次的追求：诗和远方都属于一种"无可期待"。精卫填海无论是从客观的现实，还是就原创意愿来说，都将是一个没有结局的"无可期待"行为。也许女娃初变精卫之时根本没有，也无法认识到如此结局，在她的心目中海定然是可填的。但如果她确实是一个有灵性的女娃，在不断"衔西山之木石，以堙于东海"的循环劳作过程中，她定能发现自己行为结果的"不可期待"——从其能力、对象的特性、自然的规律等诸多方面可以分析得出。然而此时，她是不会放弃的，因为填海成为她心灵所抵及的一个神圣目标：无论是被解读成自私的还是无私的，它都将成为女娃孜孜以求的终极目标，被儒家提炼为"明知不可为而为之"的理念！

4. 质疑——神而无助

对于经典的阅读，如果只停留在对元典的复制上，那么阅读恰恰成了一种退化。就语文学科的学习来说，神话的内容与文言的形式是不可分割的。而汉语本身的知识技能性承继，恰恰允许我们将其内涵最大化。从结构上来说一个故事应该有完整的三要素：起因、经过和结果。而作为故事的主题"精卫填海"在文本叙述中，只是女娃游海溺亡后的一个结果，也就是因为女娃"游于东海"，过程中"溺而不返"而"为精卫"，才有了"精卫填海"这样的结局。所以如果就精卫填海本身来说，是无果的。那么一个最根本的问题来了：精卫填海为何无果？

这正是我们教学中借以将神话无限延伸至未来的切入点。

可以用各种神话的"果"来对照，寻求其"无果"的现象，仅以本单元中的故事为例即可见：盘古开天地——创造了全新的天地；普罗米修斯——为人类带来了光明和温暖；女娲补天——将天成功地修补好；嫦娥奔月——摆脱小人的纠缠而羽化……

可以从对自然条件的分析来寻求"无果"之必然：鸟之能力、树枝和碎石与水量的比例、江河的特性……其实在《山海经》原文中是有提示的："漳水出焉，东流注于河。"

可以对照阅读来"问神"何以"无果"：在中国文学史上有一个与精卫填海极为相似的神话故事——愚公移山。同样有点"不自量力"的愚公，何以凭借自己的"子子孙孙无穷匮也"感动了上天，得到神助，移走了太行王屋二山呢？相信如此一问，学生们的回答会远远超出你的想象。

当然，还可以满足所有"完美主义"者之后，完成对"无果"的认可。所有听故事的人必然会有一个共性：追问后来怎样了呢？——就是希望给出一个交代性的结局。面对精卫填海的"无果"，不妨允许各人想象出一个"果"来，并认真地厘清其"果"的后果。最终你会发现：原来"无果"正是精卫填海最好的"果"！

　　对这则短短两句话的文言神话，其阅读和教学行为是无尽的，因为——神话，她从很久很久以前而来，必将向很远很远以后而去……

摘一枚无果之果
——《精卫填海》教学设计

▶▶▶ 教学内容 ·····································

统编小学语文教材四年级上册第13课

精卫填海

炎帝之少女，名曰女娃。女娃游于东海，溺而不返，故为精卫，常衔西山之木石，以堙于东海。

▶▶▶ 教学目标 ·····································

1. 读准字音、句读，正确、流利地诵读课文。

2. 学会借助书中的注释来理解课文，准确把握文章的主要内容。

3. 通过对人物形象、故事情节的分析来感受神话中神奇的想象。

4. 初步体悟文言载体传承的神话内涵，激发对母语的情感。

▶▶▶ 教学重点 ·····································

把握文章的主要内容，品味人物形象。

▶▶▶ 教学设计 ·····································

第一课时

课时目标

读懂、读通课文内容；了解故事的起因、经过、结果。

教学过程

一、主题切入，读题述题

1. 同学们还记得本单元的主题吗？（神话）

2. 你都知道哪些神话？（自由发言）

3. 归纳：神话是故事的一种，故事的三个基本要素是什么？（起因、经过、结果）那么就"精卫填海"这个题目，你们能提出这样的三个问题吗？

预设：精卫为什么填海？精卫是如何填海的？精卫填海的结果如何？

4. 你们了解精卫填海吗？（简述）

5. 板书课题：借助注释了解"精卫"。出示文言版"精卫"的样子：

其状如乌，文首，白喙，赤足，名曰"精卫"，其鸣自詨。

指名读文言，借助书中解释理解，说出得到了什么信息？（其名字的来历）

6. 今天我们就来学习文言版的《精卫填海》（出示课文）

二、初读课文，自主感受

1. 重点字音。

多音字：少女（多少）

生字：曰 帝 溺 返 衔（堙）

2. 重点字形。

曰——与日的区别：笔画与笔顺完全相同，只是形态上一胖一瘦。

溺、衔——合理安排三部分，注意笔画之间的穿插，防止将字写得太扁、太宽。

3. 重点字义。

自悟交流：例如，曰：说。

书中注释：炎帝 少女 溺 故 堙

学生质疑：还有哪些不理解的词语？（根据不同提问进行交流）

教师强化：炎帝，是中国上古时期姜姓部落的首领，号神农氏，又号魁隗氏、连山氏、列山氏……相传牛首人身。他亲尝百草，发展用草药治病；他发明刀耕火种，创造了两种翻土农具，教民垦荒，种植粮食作物；他还领导部落人民制造出了饮食用的陶器和炊具。炎帝部落后来和黄帝部落结盟，共同击败了蚩尤。所以我们将炎帝与黄帝共同尊奉为中华民族人文初祖。炎帝被道教尊为神农大帝，也称五谷神农大帝。

少女——古今异义：文中指"小女儿"；现代通常理解为年少的女孩。

4. 句读：正确地朗读课文。

炎帝/之少女，名曰/女娃。女娃/游于东海，溺而不返，故为/精卫，常/衔西山之木石，以堙/于东海。

三、再读课文，感受句式

1. 全文共几句话？每句话讲了什么？

2. 第一句。故事的主人公：炎帝之少女，名曰女娃。介绍了故事主人公的身份、性别、年龄。

分析句子结构："之""曰"的文言特色。句式模仿：（　　　　　）之（　　　　　），名曰（　　　　　）。

借用父母、祖辈、师长等的关系用此结构来介绍自己。

3. 第二句。

女娃游于东海，溺而不返，故为精卫，常衔西山之木石，以堙于东海。

（1）发现有什么特色？（真正的故事用一句话就讲完了）

（2）你可以将这一句变成几句？

女娃游于东海。女娃溺而不返。女娃变为精卫。精卫（女娃）常衔西山之木石，以堙于东海。

（3）讨论：为何"常衔西山之木石，以堙于东海"有两个不同的主

语?（实为一人，故而为一句）

　　4. 用自己的话讲讲这个故事。

四、三读课文，概括内容

　　1. 就前面的分句再进一步提炼。

　　女娃游海　女娃溺亡　女娃变身（精卫）　　精卫填海

　　2. 故事的起因、经过、结果分别是什么?

　　起因：女娃游海。

　　经过：女娃溺亡，变身精卫。

　　结果：精卫填海。

　　3. 一句话概括：女娃游海溺亡后变身精卫去填海。

五、四读课文，结果追问

　　1. 根据提示，填空。

　　炎帝之（　　　），名曰（　　　）。女娃游于（　　　），溺而（　　　），
故为（　　　），常衔（　　　）之（　　　），以堙于（　　　）。

　　2. 你能在没有提示的情况下用文言讲述这个故事吗?

　　3. 提问：读完这个故事，你们有想问的吗?（后来……）

　　4. 回顾：读题时，就故事的三要素追问，我们有答案吗?

　　精卫为什么填海——游于东海，溺而不返。

　　精卫是如何填海的——衔西山之木石，以堙于东海。

　　精卫填海的结果如何——?

　　5. 精卫填海，原来只是这个故事的结果，而精卫填海有没有结果?

六、作业

　　1. 背诵课文。

　　2. 思考：精卫填海为何没有结果?

第二课时

课时目标

感受神话中神奇的想象，讨论精卫之形象意义。

教学过程

一、回顾问题，交流思考

1. 回顾：上节课，我们读了《精卫填海》这个故事，了解了其内容。我们发现"精卫填海"没有一个结局，你们是怎么思考的？有哪些收获？

2. 学生自由交流。

3. 过渡：这节课，我们就来探寻这个答案。

二、回到原点，寻找结果

1. 既然研究，我们不妨学会追溯。这个故事出自《山海经》，来看看原作。

　　又北二百里，曰发鸠之山，其上多柘 [zhè] 木，有鸟焉，其状如乌，文首，白喙，赤足，名曰"精卫"，其鸣自詨 [xiào]。是炎帝之少女，名曰女娃。女娃游于东海，溺而不返，故为精卫，常衔西山之木石，以堙于东海。漳水出焉，东流注于河。

2. 指名读。思考：跟课文比多出了哪些内容？

开篇多出了：又北二百里，曰发鸠之山，其上多柘木，有鸟焉，其状如乌，文首，白喙，赤足，名曰"精卫"，其鸣自詨。

结尾多出了：漳水出焉，东流注于河。

3. 如果日常写作，会把"精卫鸟"的外形描写放在什么位置？（出示变形以后）

　　炎帝之少女，名曰女娃。女娃游于东海，溺而不返，故为精卫，其状如鸟，文首，白喙，赤足，名曰"精卫"，其鸣自詨。常衔西山之木石，以堙于东海。

这样描写才符合情节发展，是故事的正常顺序。

讨论：那么，原作中为何不是这样的顺序？

学生自由发言，结合实际引导预设：这是一个神话，这个故事来源于哪里？（人们的想象）想象是要有触发点的，人们就是先见到了这样的鸟，才根据想象创作出了"精卫填海"的故事。

4. 小结：这正是神话的一种创作模式——依循已有的现象，进行想象来解释。因此，这样的故事，写作动因就是故事的结局。

5. 原文最后一句话是结局吗？

不是，是一种没有结局的交待：漳水出焉，东流注于河。江河入海，无穷无尽，这是一项无法完成的事情。

6. 过渡：我们这样的研究并没有发现故事真正的结局，而只是找到了一些写作上没有结局的原因。我们还可以怎样去追问这个"无果"之"果"呢？

三、神话对比，寻找结果

1. 即使是想象出来的神话故事，也常常是有结果的。了解一下本单元的神话故事，说说其结果。

盘古开天地——创造了全新的天地。

普罗米修斯——为人类带来了光明和温暖。

女娲补天——将天成功地修补好。

追问：为何精卫填海就没有结局了呢？

学生自由回答。预设：点点滴滴地完成，过程很艰难等。

2. 在中国神话中还有一个同样以微小的力量试图追求改变的故事，你们知道吗？（《愚公移山》）

太行、王屋二山，方七百里，高万仞，本在冀州之南，河阳之北。

北山愚公者,年且九十,面山而居。惩山北之塞,出入之迂也,聚室而谋,曰:"吾与汝毕力平险,指通豫南,达于汉阴,可乎?"杂然相许。其妻献疑曰:"以君之力,曾不能损魁父之丘,如太行、王屋何?且焉置土石?"杂曰:"投诸渤海之尾,隐土之北。"遂率子孙荷担者三夫,叩石垦壤,箕畚运于渤海之尾。邻人京城氏之孀妻有遗男,始龀,跳往助之。寒暑易节,始一反焉。

河曲智叟笑而止之,曰:"甚矣,汝之不惠!以残年余力,曾不能毁山之一毛,其如土石何?"北山愚公长息曰:"汝心之固,固不可彻,曾不若孀妻弱子。虽我之死,有子存焉。子又生孙,孙又生子;子又有子,子又有孙;子子孙孙无穷匮也,而山不加增,何苦而不平?"河曲智叟亡以应。

操蛇之神闻之,惧其不已也,告之于帝。帝感其诚,命夸娥氏二子负二山,一厝朔东,一厝雍南。自此,冀之南、汉之阴,无陇断焉。

——选自《列子》

传说中的太行、王屋两座山,周围七百里,高七八千丈,本来在冀州南边,黄河北岸。北山下面有个名叫愚公的人,年纪快到90岁了,在山的正对面居住。他苦于山区北部的阻塞,出来进去都要绕道,就召集全家人商量说:"我跟你们尽力挖平险峻的大山,(使道路)一直通到豫州南部,到达汉水南岸,可以吗?"家人纷纷表示赞同。他的妻子提出疑问说:"凭你的力气,连魁父这座小山都不能削平,能把太行、王屋怎么样呢?往哪儿搁挖下来的土和石头?"众人说:"把它扔到渤海的边上,隐土的北边。"于是愚公率领儿孙中能挑担子的三个人上了山,凿石挖土,用箕畚运到渤海边上。邻居京城氏的寡妇有个孤儿,刚七八岁,蹦蹦跳跳地去帮助他。冬夏换季,才能往返一次。

河湾上的智叟讥笑愚公,劝阻他说:"你太不聪明了,你简直太愚蠢了!就凭你残余的岁月、剩下的力气连山上的一棵草都动不了,又能把泥土石头怎么样呢?"北山愚公长叹说:"你的思想真顽固,顽固得没法开窍，连孤儿寡妇都比不上。即使我死了，还有儿子在呀；儿子又生孙子，孙子又生儿子；儿子又有儿子，儿子又有孙子；子子孙孙无穷无尽，可是山却不会增高加大，还怕挖不平吗？"河曲智叟无话可答。

握着蛇的山神听说了这件事，怕他没完没了地挖下去，向天帝报告了。天帝被愚公的诚心感动，命令大力神夸娥氏的两个儿子背走了那两座山，一座放在朔方的东部，一座放在雍州的南部。从此以后，冀州的南部，直到汉水南岸，再也没有高山阻隔了。

追问1：对比一下，发现了什么？

预设：移山是有可能成功的——山不再增高，以子子孙孙的力量，移走山只是个时间问题。

填海的不可能——漳水出焉，东流注于河。

追问2：神话的力量呢？

愚公感动了天帝——为何？天帝为何不帮精卫？（不能帮、无法帮、不该帮……）

预设情感体验：愚公为了走向外面的世界。精卫为了报仇解救众生。（旧时比喻仇恨极深，立志报复）

…… ……

四、假想结果，接受无果

1. 这样的研究与讨论都告诉我们无数个没有结果的理由，可有人非要让精卫填海有一个结果，发挥你的想象，可能是怎样的结果？

预设：劳累而死，子子孙孙真把大海给填了，感动某个神……

2. 引导：其实你发现，真给的结果未必是好结果，而且，有无结果并不重要，重要的就是精卫留给世人的印象。说说你们对她的评价。

意志坚决，不畏艰难，锲而不舍。

3. 人们在现实生活中是需要一点这样的精神的。请思考有哪些事情是我们可能无法完成，却仍然要去做的——

考不到清华、北大，但仍然不懈地为之努力学习。

人类永远无法长生不老，却不懈地与生老病死做斗争。

不可能掌握世界上所有的知识，但仍然孜孜以求。

…… ……

4. 总结：精卫，是一种精神，一种锲而不舍的精神，所以她不死的是灵魂！

五、神话之来，神话之去

习作：如果可能，你们希望自己变身为何物？要去完成一项怎样的艰难任务？

优哉游哉品李味　知乎智乎明事理

——《王戎不取道旁李》文本解读

统编小学语文教材四年级上册第八单元主题是"历史人物"，选取了机智善断的王戎、破除迷信惩治巫婆及官绅的西门豹、治病救人的扁鹊、刻苦学射的纪昌作为"时光如川浪淘沙，青史留名多俊杰"之"俊杰"的代表。第一篇就安排了文言文《王戎不取道旁李》，这是统编小学语文教材中正式出现的第四篇文言课文。经过三年级《司马光》《守株待兔》及四年级同学期《精卫填海》这三篇文言文的学习，学生对文言文的基本特征已经有了初步的了解，形成了一定的语感。本篇课文和前面三篇文章一样，都是讲的一个小故事，讲述的是"竹林七贤"之一的王戎七岁时的事情，故事主人公的年龄与学生的年龄接近。文中的李子也为大家所熟悉，因此在情节的理解上是相对容易的，而且故事的趣味性更利于激发学生对文言阅读的兴趣。笔者认为立足于教学的文本解读，当从解文、解人、解理这三个角度完成。

解　文

全篇故事只有短短的四句话四十九个字，却写得情趣盎然，栩栩如生。不仅有故事的起因、经过、结果基本三要素，而且在情节上有起伏，描述上有行为、有语言、有心理，实在是短小精练，韵味无穷。

开篇即交代人物及故事的缘起："王戎七岁，尝与诸小儿游。"这非常容易让我们想到《司马光》中的句子"群儿戏于庭"。一对比就发现"诸小儿"与"群儿"意思相同（而且主人公都是七岁），借助学生的旧有经验他们可以感受。那么包括司马光在内的"群儿"和王戎为首的"诸小儿"活动的地点有什么不同呢？"群儿戏于庭"——活动场所在庭院，而王戎与"诸小儿"的活动地点应该是"道"——这是由下文逆推而来的。因此，这两群孩子玩的项目也是不同的。庭院中的"戏"是指院内游戏，诸如捉迷藏、踢毽子、老鹰捉小鸡之类；而上了"道"的"游"可就有点室外的风格了，应该类似于我们的郊游、春游、秋游之"游"，可能在距离上没多远，但当属"野"趣。这才让那"苦李"的存在有了可能。

第二句陈述了一个现象："看道边李树多子折枝，诸儿竞走取之，唯戎不动。"谁看到了李树？当然是"诸儿＋王戎"，但却有了两个截然不同的选择："诸儿竞走取之"——这群学生争着抢着去摘李子吃；"唯戎不动"——而只有王戎没有采取任何行动。此处对李树的状态描写非常生动："多子折枝"——所结的果实太多了，多到什么程度？多到把树枝都压弯了。特别要注意的是此处对"折"的理解：不是白话文中"断"的意思，而是"弯或弯曲"的意思。此义项在"曲折"和"百折不挠"等词中有所体现。

除了"多子"之外，还有一个重要的条件，就是这棵树在"道边"，何为"道"？不可简单地解释为"道路"。在古代，关于路的说法非常多，而不是只有"大路""小路"这么简单的说法，不同的说法是根据不同的标准而言的。交通主干道往往被叫作"康衢"，《尔雅》曰："四达谓之衢，五达谓之康，六达谓之庄。"从中你也就可以想见"康庄大道"是何等气派。那么通常路的标准即以并排行马车数来定，类似于我们现在以车身多少来描述公路一样：只能通过一辆马车的叫"途"；至少能通过两辆马车的才能叫"道"；而现在作为概称的"路"是能够让三辆马车并行的通道。还有只能让牛车行走的叫"畛（zhěn）"，后来鉴于与"牛"

"田"的关联，就直接指田间的小路了。当然还有更窄的就只能称为"径"了。而这个故事中的李树是在"道边"的，"道"足见其路之宽，也即表明行走往来的人甚多，这也是王戎他们所"游"之"道"，换一个地点就不会发生这样的故事了。

再看句中有一个特别容易引起古今理解偏差的词语，就是"竞走"。课本中解释得很清楚，此处是"争着跑过去"的意思，这充分体现了文言文"单字成词"的特点："竞"是"争"的意思，"走"是"跑"的意思。同样在文言中"龟兔竞走"中的"竞走"是指乌龟与兔子赛跑，又有了些微的差别。现代汉语中的"竞走"多指在加速走路的基础上发展起来的一种田径运动项目，要求两腿交互迈步前进，与地面保持不间断的接触，在任何时间都不得两脚同时离地——当然与文言中的意思还是有一脉相承的关联。

此篇中有三个"之"，分别有两种指代。"取之"的"之"指代树上的李子。而"人问之"的"之"所指代的内涵比较丰富，这个地方的"之"既直接指代被问的"王戎"，也包含了他前面"不动"的表现，因此这"问之"是一个非常好的语言训练切入点：人们会如何问？问些什么？这些切入的想象不仅可以根据前文中对王戎行为的描述结合下文中王戎回答的内容来推断，还可以先确定出不同的"人"来问。文中所说的"人问之"中的"人"可以是成人、老者、儿童、诸小儿中的一个或旁观者……所以问的语调与内容也可以各有不同：可以问他为何不动，可以问他为何不吃李，可以问他为何不和大家一起抢……

王戎的推断利用的正是前文所述的两个重要因素："道边""多子"。由此做出"此必苦李"的判断。情节随着王戎的答复而推向了高潮：取之，信然。谁取之并信然？当然是所问之人，这又是文言的另一个特点：承前省略主语。这也是文言语言精练的一个重要原因。

这个故事讲起来并不复杂：王戎七岁的时候，曾经和许多小孩一起出门游玩。大家看见路边一棵李子树上果实累累，把树枝都压弯了。许多孩子都争着跑过去摘李子，只有王戎没有动。有人问他为什么不跑过去摘李子，王戎回答说："李树在路边竟然还有这么多李子，这一定是苦李子。"大家摘下李子来一尝，的确如此。

教学中，不仅要引导学生明白王戎的推理过程，还要由此感受王戎善于观察思考的品质。所以"解理"是教学的重点，也是难点。

解 理

这样一篇短小的文言文，究竟留给了我们怎样的"理"？

首先是故事本身所体现的事理，也即王戎所推之理。这个故事的精妙之处就在于王戎的那句解释："树在道边而多子，此必苦李。"他不仅让问者"信然""信服"，也给了他人更多的启迪。而这样智慧的推断当然来自他细致而精准的观察：这是道边，也即人来人往之处，连王戎他们这样的小儿都到此处来"游"，可见其人流量不会小。而在那个时代，人们还没有在道边种上果树做景观的规划，显然这棵李树来历不明——风、鸟、各种动物都可能是播种者，最重要的是其是"无主"的，也就是说这是一棵"野李树"。这样一棵野李树硕果累累之时，定然会引来好食者：人自不必说，就那些"野生者"们也会经常光顾的。可现在它依然是果实累累的样子，枝条被压弯了都无人摘取，足见根本原因只有一个：味苦！至于味为何苦？当有两种可能：一是这李子虽然坠弯了枝条，但还没有完全成熟；二是由于品种原因，哪怕是熟透了的果实，也仍然是苦味的。

对于推理，一种就是如上文这样的顺向思维，但也可以逆向思考：那么，在哪里的李才可能是甜的呢？道边的李在什么情况下也可能是甜的呢？——这就是思维，如果用"树在（　　　　）而多子，此必甜李"的句式来表达，那么对于王戎推理的过程体会就上升为与语言思维相结合的一个训练。对于王戎的观察方法和推理思维的感悟使得阅读有了情趣、有了智慧。

其次是故事的寓意。这个小故事还为我们奉献了一个成语——道旁苦李，比喻被人所弃、无用的事物或人。清和邦额在《夜谭随录·阮龙光》中有言："决飞只抢榆枋，白发青衫，竟作道旁苦李。""榆枋"指狭小的天地。全句指一生并无多大本领，只能在狭小的空间里生存，头发白了依然是"青衫"之身，可见其无用之象。王戎对于道边之苦李的态度正像用人单位（如朝廷）对无用之才的态度。对于学生来说，明白人们对"苦李"和"甜李"的态度也是一种人生体味。题外一句：这个故事对于如何才能培育出"甜"李又不无启发。

解　人

谈及人才，也即本单元所说的"俊杰"，自然要谈到王戎本人。王戎是个怎样的人？从文本的视角，当然是一个善于观察、善于思考的人。事实上，解读王戎其人，就个人素质来说，其目光犀利算是一个显著的特点。他不只是有极强的"观察力"，这种能力可直接提升为"洞察力"。同样是《世说新语》中的《容止》篇有记载："裴令公目王安丰：'眼烂烂如岩下电。'"什么意思？刘孝标注："王戎形状短小，而目甚清炤，视日不眩。"他的眼睛厉害到什么程度？可以直视太阳。所谓的"岩下电"也即目光之明亮。鲁迅在《故事新编·奔月》中描写后羿："身子是岩石一般挺立着，眼光直射，闪闪如岩下电。"作为射神的后羿其目光才够得上"如岩下电"。这无非就是要赞美其目光，不同的是后羿所视是"猎物"，而王戎所视常常伴以事物背后的逻辑推理。关于他超强的洞察力所表现出来的"反常"，还有一个小故事。

魏明帝于宣武场上断虎爪牙，纵百姓观之。王戎七岁，亦往看。虎承间攀栏而吼，其声震地，观者无不辟易颠仆。戎湛然不动，了无恐色。

译成白话文：魏明帝在宣武场上砍掉老虎的爪子和牙，举行人、虎搏斗表演，任凭百姓观看。王戎当时七岁，也去看。老虎乘隙攀住栅栏大吼，吼声震天动地，围观的人无不吓得大惊失色，退避不迭，跌倒在地。王戎却从从容容，动都不动，没有一点儿害怕的神色。一个七岁的孩子此举无非有两种可能：一个是真吓傻了不知道退避；一个是他明确地知道老虎伤不了自己。王戎显然属于后者，底气正是来自超强的洞察力和判断力。

有意思的是中国文化中有一种"七岁现象"，讲述儿童早慧的故事，主人公多为七岁：王戎七岁不取道边李、司马光七岁破瓮救友、骆宾王七岁吟得《咏鹅》、曹冲七岁帮父亲称象、何晏七岁画地令方……正应了中国一句古语"三岁看大，七岁看老"——一个人儿时的表现，常常会预示着其一生的发展方向。

比如仅从王戎对李子的判断，就足见其敏锐的洞察力，且在其日后此洞察力确实有所体现。景元四年（263），钟会、邓艾等领命率军讨伐蜀地，钟会在出师前前往王戎府邸与其道别，也顺便询问王戎有什么灭蜀的计策。王戎说："道家有句话叫'为而不恃'，成功并不难，保持成果就难了。"钟会并未悟得其中的深意。后来钟会虽然破蜀成功，却因叛乱失败被杀，大家都认为王戎有见识。当然，所谓的判断力，必须是对判断对象有深入的了解。继续从李子的角度说，王戎与李子还真不是一般有缘，他们家原本就种有优良品种的李子。

王戎有好李，卖之，恐人得其种，恒钻其核。

不知他是如何将李子核一个一个给钻了的，脑补出来的画面真的有点可笑，可见他对于李子所结果的色、味定然积累有相当的经验。当然由此也引出王戎的另一个特性：吝啬。在《世说新语》中"俭啬"共有九条，而王戎一人就独占了其中的四条，除了前文中的"钻李核"之外，还有：

王戎俭吝，其从子婚，与一单衣，后更责之。

司徒王戎，既贵且富，区宅僮牧，膏田水碓之属，洛下无比。契疏鞅掌，每与夫人烛下散筹算计。

王戎女适裴頠，贷钱数万。女归，戎色不说。女遽还钱，乃释然。

你可能是当成笑话来看的，但刘庆义组织人编撰《世说新语》时，运用故事来写人是一个基本宗旨。王戎在书中出现多达 36 次，出现在德行、言语、雅量、赏誉、品藻、容止、伤逝、任诞、简傲、排调、俭啬、纰漏、惑溺这些篇章中，足见其性格的多面性。而世人最为称道的当是他神采秀美，长于清谈，以精辟的品评与识鉴而著称，是"竹林七贤"之一。

知人，知事，知理，当是读文透彻之道，品味之道，情趣之道。

读人读事读文言　知人知世知取舍

——《王戎不取道旁李》教学设计

▶▶▶ 教学内容 ⋯⋯⋯⋯⋯⋯⋯⋯⋯⋯⋯⋯⋯⋯⋯⋯⋯⋯⋯⋯⋯⋯

统编小学语文教材四年级上册第25课

王戎不取道旁李

王戎七岁，尝与诸小儿游。看道边李树多子折枝，诸儿竞走取之，唯戎不动。人问之，答曰："树在道边而多子，此必苦李。"取之，信然。

▶▶▶ 教学目标 ⋯⋯⋯⋯⋯⋯⋯⋯⋯⋯⋯⋯⋯⋯⋯⋯⋯⋯⋯⋯⋯⋯

1. 正确、流利地朗读课文，背诵课文。

2. 学会本课五个生字：戎、尝、诸、竞、唯。借助注释、联系上下文理解词语。

3. 在理解词语的基础上用自己的话讲讲这个故事，感受王戎的智慧。

4. 通过文言学习，激发学生学习兴趣，培养学生热爱传统文化的情感。

▶▶▶ 教学重点 ⋯⋯⋯⋯⋯⋯⋯⋯⋯⋯⋯⋯⋯⋯⋯⋯⋯⋯⋯⋯⋯⋯

通过文言学习，激发学生学习兴趣，培养学生热爱传统文化的情感。

▶▶▶ 教学难点 ⋯⋯⋯⋯⋯⋯⋯⋯⋯⋯⋯⋯⋯⋯⋯⋯⋯⋯⋯⋯⋯⋯

在理解词语的基础上，用自己的话讲讲这个故事，感受王戎的智慧。

一、谈话析题

1. 导入：今天我们来学习一篇文言文，请读题，出示：《王戎不取道旁李》

2. 请思考一下：你们从题目中知道了什么？

王戎，不拿（摘）路边的李子。

3. 看课题就知道这篇文章大概写了一件什么事情。请问：如果是你们，取不取道旁李呢？为什么？（学生自由回答，言之成理即可）

4. 那你们看着课题，会有哪些想问王戎的呢？（自由发问）带着这些问题，来读读这篇文言吧。

二、自由读文

要求：①读准字音，努力读准句读。②关注注释，尝试理解。

三、交流自读

1. 指名朗读课文，正音。重点关注生字：戎、尝、诸、竞、唯

2. 句读：

看/道边李树/多子折枝，诸儿/竞走取之，唯戎/不动。

树在道边/而多子，此必/苦李。

3. 读文言一定要会读注释，谈谈你从注释中知道的。

（1）文章选自《世说新语》（出示《世说新语》简介）

《世说新语》是南朝宋时刘义庆组织门客编写的文言志人小说集，是魏晋南北朝时期"笔记小说"的代表作，其内容主要是记载东汉后期到魏晋间一些名士的言行与轶事。

（2）出示王戎简介。

王戎，字濬冲，三国至西晋时期名士、官员，"竹林七贤"之一，曹

魏凉州刺史王浑的儿子，出身琅琊王氏。神采秀美，长于清谈，以精辟的品评与识鉴而著称。

（3）竞走：争着跑过去。

辨析区别：A. 龟兔竞走；B. 诸儿竞走取之；C. 运动会上，他参加了竞走比赛。

（4）唯：只有。句式：唯……不……（只有……不……）

4. 看完注释再读课文（自由读课文），能说出哪些句子的意思了呢？（指名说）

5. 你们从文中找到"王戎不取道旁李"的答案了吗？（李子是苦的）

四、读懂故事

1. 一个故事的基本要素是什么？（时间、地点、人物，起因、经过、结果）我们来一个一个突破。边读边发现。

2. 王戎七岁，尝与诸小儿游。从中了解到哪些信息？

时间：文中没有具体时间，但我们可以找到线索——王戎七岁，王戎是 234 年出生的，那么故事就发生在？（241 年）也就是 1781 年前，但这个故事我们现在读来一点儿都不难懂。这里还有一个隐含的时间：李子成熟之时——夏末秋初。

人物：王戎、诸小儿

事情：游——指什么？（游戏、游玩、郊游）

三年级的时候，我们也见过一群古代的孩子——群儿戏于庭。这群孩子是在什么地方，做什么？（在庭院里游戏）那么此处说是"与诸小儿游"，你们认为有哪些区别呢？

3. 过渡：看来这就不得不涉及故事发生的地点啦，谁在哪句话中能找到明确的地点？

地点：看道边李树多子折枝，诸儿竞走取之，唯戎不动。

道边就是这个故事发生的地点。你们能解释一下"道"吗？（路、大路……）

讲解：我们现在所说的路，包括了一切大大小小的路，其实在古代不同的路是有不同的说法的，请你们认真阅读下面这段资料——

能通过一辆马车的叫途；能通过两辆马车的才能叫道；能通过并行的三辆马车的叫路；马车走不了，只能让牛车行走的叫畛（zhěn）；不能行车，只能行人的叫径。

你们能将这些表示道路的词语从大到小做个排列吗？（路 > 道 > 途 > 畛 > 径）

那么再对比一个词语："途径"和"道路"，谁大谁小呢？（道路 > 途径）

好，由此你们来判断一下前文中的"游"可能指什么？（郊游、秋游）

4. 再读一、二两句。从这里故事已经开始了。

5. 起因：看到了李子——这是一棵怎样的李树？（多子折枝）

出示两幅图片：一幅李子树果实较少，一幅李子树果实累累。

判断：哪棵树可能是王戎他们看到的？说说依据。

重点理解：子：果树的"子"，即其果实。

折：①断；②弯。请你选择解释（弯），用这个意思再组个词。（曲折、不折不挠）

说说你们看到这满树的果子的想法（想品尝，观赏……），并说出理由。

6. 经过。

（1）诸小儿的表现？——竞走取之。

解释：竞走取之——争着跑过去摘李子。

重点感受"之"的指代。所见桃树——竞走取之；"之"为？（桃）所见梨树——竞走取之，"之"为？（梨）……

分析：为何如此表现？（道边、好吃、好奇……）

（2）王戎的表现？——不动。

人问之——什么人会问？（参与者，路人甲，成人，老者，儿童）

"之"——王戎。（不动的原因）

不同的人会有不同的问法。（指名交流）

（3）王戎的回答——树在道边而多子，此必苦李。

用自己的话说一说意思：李树在大路边上，树枝上的果子还这么多，那这李子肯定是苦的。

感受王戎分析的过程。要点：道边、多子。

道边："道"即大路，人来人往，看到这棵李树"多子折枝"的人绝对不只是诸小儿和王戎，就意味着摘果子的人会很多。

多子：如果摘果子的人很多，此树上的果子自然不应该如此之多。只有摘的人少才会留下如此多的果子。人们不摘的原因：此必苦李。

（人们对李子的态度：诸小儿中最先尝到的人，会如何表现？其他人看了尝者的表现，自然放弃）

（4）那么，如果看上去都是成熟的李子，什么情况下李子才有可能是甜的呢？句式训练：

树在（　　　　　）而多子，此必甜李。——不同的地点（园中、院中……）

树在道边而（　　　　　），此必甜李。——不同的状态（日渐稀少、人竞相取之……）

7. 结果：取之，信然。

（1）谁取之？（问的人、诸小儿）

（2）信然。近义词：果然。

区别：信然——带着怀疑的态度来验证评判。果然——听了预料之后的验证结果。

（3）取之，信然者，会对王戎说些什么？（自由赞美）

五、讲述故事

请你选用不同的方式来讲讲这个故事。（文言和白话）

六、拓展阅读

1. 《世说新语》中还有一个讲王戎表现与众不同的故事，出示。

魏明帝于宣武场上断虎爪牙，纵百姓观之。王戎七岁，亦往看。虎承间攀栏而吼，其声震地，观者无不辟易颠仆。戎湛然不动，了无恐色。

师读，简单讲解，指名挑战朗读。

此事，人问之，王戎又会如何回答？（"虎断爪牙而在笼中，不足惧"——老虎断了爪子和牙齿，又被关在笼子里，没有什么可怕的）

2. 大家都表达了赞美和羡慕，有没有同学想也要像王戎这样聪明，你们觉得应具备哪些素质呢？（善于观察、学会分析、思考研究……）

3. 其实在《世说新语》中关于王戎的故事有三十多个，如果你想了解他更多的故事，可以去书中找一找哦。

囊萤似灯，聚光如昼

——《囊萤夜读》文本解读

统编教材小学语文教材四年级下册第七单元以"彰显美好的人格"为主题，《古诗三首》分别选录了王昌龄、卢纶和王冕的诗作，赞美了人之不忘初心、边塞顽强抗敌及洁身自好的美好品质；《文言文二则》分别讲述了车胤和李白好学的故事；《"诺曼底号"遇难记》中哈尔威船长以身殉职的形象伟岸如山；另外还安排了平凡如挑山工、英勇如黄继光、爱国如钱学森等内容的阅读。其中第 22 课《文言文二则》的第一则《囊萤夜读》全文如下：

胤恭勤不倦，博学多通。家贫不常得油，夏月则练囊盛数十萤火以照书，以夜继日焉。

这是统编版小学语文教材中出现的第五篇文言课文，如何置身于单元主题，结合第二学段教学目标，实现"从人物的语言、动作等描写中感受人物的品质"这一语文要素训练？在这只有短短两句，区区三十三字的课文里，又闪现着汉语怎样的光芒？

那如萤的 "字"

本课虽然全文只有三十三字，但要求识写的生字却有七个，超过了全文的五分之一，足见识字仍然是极为重要的一环。那么面对文言文中的生字，作为已经具备一定识字能力的四年级学生，必然要在解决其读音、书写及基本意思理解的基础上进行一些探究性学习，让那美丽的汉字放射出自身的光芒。

题目《囊萤夜读》就含有两个生字，比较熟悉的"萤"字，采用图片或是录像就可以让学生轻松地了解"萤火虫"，并用"莹"来区别出"虫"之特性。而"囊"这个字，不仅书写有一定的难度，就其意思的理解和运用也需要花费一定的教学精力。

"囊"通过古字基本可感受其义：——整体的造型就是一个里面塞满东西，两端扎得紧紧的口袋。它的本义就是指装东西的口袋，后来慢慢地将用口袋装东西这一行为也称为"囊"，即名词的动用，进而有了"囊括"之说。本文中它出现两次，恰恰是两个不同的意思。题目中的"囊"是指用口袋来装（萤火虫）的意思，而文中的"练囊"则是指用白色薄绢类的织品所做的口袋。从色彩上说是白色的——练，必然是白的；从大小上说是精巧的——相对于麻料之类的口袋，丝绢只能是轻柔、精美的；从质地上说是轻薄的——它必然近乎透明才能透光。

"恭"在书写上又是一个易错字，其部首应该是"小（xīn）"，很容易错写成"小"。所以简单地解释成"小"字多一点，反而会增加错写的几率，而是应该告诉学生此部首为"心"的变异。并结合同部首的"慕"字来强化用此部首表示与"心"相关的某种情感。

此外的"勤"与"博"则可以采用换不同的部首来帮助学生识记。

对于"勤""博""贫"三个字的理解，可采用现代人阅读文言时经常采用的组词法。笔者借助文后的范例来进行指导：

胤恭勤不倦。（倦：疲倦）

学习这种"组词法"可以先鼓励学生大胆组词，然后根据对上下文的感悟和体会，从所组词语中选择合适的词语来解释。如"勤"字可组词语很多：勤劳、勤奋、勤学、勤勉、辛勤、后勤……而本文中要表现的是车胤好学的品质，再结合句子"恭勤不倦"的整体提示，所以当以"勤勉、勤奋、勤学"解释较为合适。以此类推：博——渊博、广博；

贫——贫困、贫穷。

值得一提的是，虽然现代汉语中"贫"与"穷"近义，但在文言中是有非常明显的区别的。"贫"——"分""贝"组合，表示钱财因为不断地分割而越来越少，所以家中无钱的状况往往以"贫"来描述，如"家贫"。而"穷"指无路可走，进入了死穴而无力摆脱的境地称为"穷"，即所谓"穷途末路"。后来，因为家中没有了钱物而生活再无出路，就让这两个字自然地组合在了一起，构成了极为典型的窘境：贫穷。

"焉"是全篇中最突出的文言用字，现代汉语里已经较少出现。其形态却是极为有趣的，书写时"正"要足够扁，以让出空间给下部分那似马非马的符号。四点的摆布也极为讲究：第一点最大，方向是朝左的，其他三点都向右，但中间两点略小，最后一点稍大。在古汉语中露脸机会特别多的"焉"字意思也特别丰富。当以实词出现的时候，不难理解，比如保留在成语"心不在焉"中的"焉"和"于""是"等词相当，指代某事物，可理解为"这"。作为直接表示疑问的代词，意思也很明确，就是"哪里"，比如"不入虎穴，焉得虎子"。它的丰富意韵往往体现在作为句末语气词时的理解上。这个字整体上是对全句描述的一种肯定，但除了肯定之外透射出来的"味道"是值得细品的。比如本文中"以夜继日焉"，这个"焉"就是对车胤为了能在夜晚读到书而"练囊盛数十萤火"的行为予以肯定，同时也为其行为指向——"照书"和"夜继日"而赞叹。抓住这个文言味十足的字，可以"玩"出十足的文言味。

每个汉字都闪现着发明者的智慧光芒，让学生了解其来龙去脉，感受其随情而变，有助于提升小学生学习汉语的乐趣，培养他们热爱祖国文字的情感。

那如囊的 "句"

文言的学习，最为显著的内容体现在其章法与句式，小学阶段章法暂且未涉，但简单的句式品味还是有必要的。本文中的句式有这样几种。

1. 人物评价的四字短语

文言作品中每及评价人物，常常以四字短语出现。现代汉语中诸多描写人物品格的成语也多是这样得以积累和传承的，本文中的"恭勤不倦，博学多通"即是。在理解过程中，抓住文言单字成词的特点，采用前文中所说的"组词法"，对句子运用先拆分后组合的方法来理解，对于四年级的学生来说比较轻巧。

2. 涵盖故事要素的长句

全文只有两句话，第二句即开讲故事而且讲完了故事。此句较长，首先在朗读过程中要进行句读的指导，建议这样读："家贫/不常得油，夏月/则/练囊盛数十萤火/以照书，以夜继日焉。"这一句话是完全切题的讲述——其实正是编写人员根据这句话而概括得出了文题。教学中则反其道而行之：在读题的基础上，采用对应的方法来理解。再从结构上分析得出"囊萤"的起因——"家贫不常得油"，过程——"练囊盛数十萤火"，结果——"以照书，以夜继日焉"。

3. 韵味十足的词序调整

除了意思极为丰富的"焉"字以外，必须关注的一个文言词就是"以"。"以照书"极容易理解为"用来照书"，而此处整体来感受，应该是"得以照亮了书"，也就是说"照书"是车胤"练囊盛数十萤火"的目的。而更重要的目的是"夜继日"地阅读，因此对"以夜继日"和"夜以继日"的细微辨析是值得一试的教学难点。

"夜以继日"语出《庄子·至乐》："夫贵者，夜以继日，思虑善否。"就是形容日夜不停地做某事。是一种已经成型的行为状态。"以夜继日"是指经过某种努力才得以实现的日夜不停的可行状态。

正因为有了这样的差别，这个"以"才得以与"焉"组合成句，透出作者对车胤的那种肯定与赞叹。而整个句子中"以照书""以夜继日"所透出的节奏感，使得事态逐步明朗，情感逐步被推进。

这一切若以"知识"强行灌输给学生，学生那是非常痛苦的，但如

统编教材小学文言二4篇文本解读及教学设计

果能循循善诱，引导学生品味出其中的滋味，那么文言学习的乐趣自在其中。

那如光的 "人"

一切故事都是"人"的故事，本课的主题就是"好学"，好学的人当然多如繁星。那么我们如何相对集中地聚焦某一类？"贫""读""学""通"……都可以成为拓展的起点，笔者选择了"光"成为本次教学延伸的主线。

"囊萤"自然让人想到成语"囊萤映雪"，也就自然地学习到孙康的故事。"映雪"同样是为了解决夜读的照明问题，相对于车胤来说，孙康的夜读更多了一份艰苦：这是冬日的夜读。"萤光"和"雪光"都照亮了他们的求学之路。

由"光"的主题，自然又可联想到"凿壁偷光"的匡衡。由众多"家贫不常得油"的寒门子弟，还可以联想到张之洞的父亲张瑛为那些挑灯夜读的学子"加油"的故事。

这样的"光"，来自好学的智慧，来自人生的追求，也来自品质的传承。这样的光，照亮了车胤、孙康、匡衡及众多学子手中的书，也照亮了中华几千年的文明，并借着我们的课堂，照亮了当下的学生，照亮了他们的未来……

积字如囊萤　品文如聚光

——《囊萤夜读》教学设计

▷▷▶ 教学内容 ·······································

统编版小学语文教材四年级下册第 18 课

囊萤夜读

胤恭勤不倦，博学多通。家贫不常得油，夏月则练囊盛数十萤火以照书，以夜继日焉。

▷▷▶ 教学目标 ·······································

1. 正确、流利地朗读课文，背诵课文，体会文言的节奏美。

2. 会读写本课生字，书写重点："囊""恭"；重点感受文言："以""焉"。

3. 学会利用汉字的组词法理解文言中部分词语的意思。

4. 借助注释，理解课文中每句话的意思。体会车胤学习的刻苦。

▷▷▶ 教学重、 难点 ·······································

1. 长句的句读。

2. 文言与现代汉语不同词序的语感训练。

▷▷▶ 教学过程 ·······································

一、 好学人物， 导入主题

1. 同学们都知道，本单元的导语（出示，集体朗读）——

没有伟大的品格，就没有伟大的人，甚至也没有伟大的艺术家，伟大的行动者。

——［法国］罗曼·罗兰

好学可以说是人类的一种非常可贵的品格。古今中外，好学的人可真是不少呢。大家来说说自己知道的好学者。（学生自由交流）

2. 本课《文言文二则》讲述的就是两个关于好学的小故事。今天我们来学习第一则《囊萤夜读》。

3. 请大家和老师一起来板书课题，关注两个生字。

囊

（1）书写指导：横画特别多，注意摆布紧凑而均匀。

（2）（出示：囊）你们觉得它像什么？塞满东西的一个袋子——这就是它最初的意思。

（3）理解：把东西放进囊的动作也可以叫囊，比如有个词叫"囊括"，意思是把全部包罗在里面，也泛指包含了一切事物。有放进囊里去的当然也就有从囊里往外拿的。比如"解囊"，指解开袋子往外拿出东西来。"慷慨解囊""解囊相助"都是形容在经济上极其大方地帮助需要帮助的人。

（4）判断：根据你们的理解，课题中的这个"囊"是指什么？——把东西（萤）放入口袋。用口袋来装（萤）。

萤

（5）书写指导，字形上与"莹"的区别。

（6）图解"萤火虫"。（出示画面）

4. 读题，自己书写一遍课题。

二、资料简介，初感课文

1. 快速浏览课文及注释，你们知道了这个故事的哪些相关信息？

这是一篇关于某个古人的故事。这个人叫车胤，文中直接称其为"胤"，注释中有全名。他是晋代人。本文出自《晋书·车胤传》。

2. 出示资料。

车胤（yìn）（约333—401），字武子，东晋大臣。风姿美妙，敏捷智慧，勤奋好学，博览群书，在乡里很有声望。为官刚正不阿，不屈权贵，官至吏部尚书。后遭会稽王世子司马元显逼令自杀。（附图片）

3. 看看文中对其是如何评价的？

胤恭勤不倦，博学多通。

4. 你们能借助书上的解释和老师的资料，根据自己的理解说说这句话的大概意思吗？

（1）交流：车胤很好学。车胤知识渊博。车胤能融会贯通地理解知识……（车胤这个人对待学习非常严肃认真，勤学上进，不知疲倦，博览群书，学习多门知识，并且能通透理解）

（2）强调"恭"的书写：下面是一个"心"的变形。

5. 尝试着用带点的字组个与句意关系紧密的词。

胤恭勤不倦，博学多通。

勤：勤奋，勤勉，勤学……

倦：疲倦，倦怠，困倦……

博：博学，渊博，广博……

通：通晓，通透，贯通……

6. 集体读句子，请选择一个你们认为最贴切的解释写在相关字下。

7. 自由练读课文，借助注释初步感知课文。

8. 指名朗读课文，指正读音和句读。

重点字音：囊 萤 恭 勤 贫 焉

重点句读：夏月/则/练囊盛数十萤火/以照书。

句读解释："夏月"表示时间（注意不是指"夏天的月亮"）；"则"即"就""便"；"练囊盛数十萤火"是采取的一个重要行为措施，白色的薄绢口袋内装上几十只萤火虫；"以照书"是前一行为的目的，用来（做灯）照亮要读的书。

9. 集体朗读全文。

三、 精读细品， 感受文言

1. 自由朗读课文。请你找出能准确解释题目的句子，用"～～～～"画出来。（出示：夏月则练囊盛数十萤火以照书，以夜继日焉）

2. 交流对应的解释。

囊：题中的"囊"在句中对应的词语应该是"盛"（强调读音：chéng），也即"装"的意思，是动词；而句中的"练囊"是指白色的薄绢做的口袋，是名词。

萤：题中的"萤"在句中被具体描述了：数十萤火——几十只萤火虫。

夜：题中和文中的"夜"都是点明了时间。

读：题中的"读"落实在两处。

（1）"以照书"——用来照亮书本，读书是一种具体操作。

（2）"以夜继日"有一个意思相近的成语——"夜以继日"。（出示）请你们说说具体的意思：形容日夜不停。文中就是指车胤日夜不停地读书。那么，为何作者将"以"用在了"夜"的前面呢？出示：

夏月则练囊盛数十萤火以照书，以夜继日焉。

请你们反复读一读，谈谈自己的发现。

交流："以×××"表示凭借某种行为、人物、力量等来实现×××目的。车胤"练囊盛数十萤火"的目的是什么？（就是为了能读书，能在夜间也像白天一样不停地读书）

先实现"照书"，接着才实现"夜继日"。这里的"以"就是将这两个目标排列出来。"以"放在了前面，表示"夜继日"的愿望得到了实现——这就是和"夜以继日"的细微差别。

3. 焉。

（1）书写指导强调："正"变扁，下边部分和"与"的结构近似，书写不同，仔细观察四点的方向。

（2）这是一个非常典型的文言虚词，在文中用在句末没有具体的意思，但是有它和没有它有什么区别呢？对比体会：

夏月则练囊盛数十萤火以照书，以夜继日焉。

夏月则练囊盛数十萤火以照书，以夜继日。

有"焉"似乎这件事情是经过不少努力才成功的。有"焉"就有了一种成功后的喜悦之情。有"焉"就有了一种对车胤赞赏的语气。没有"焉"的句子，感觉就只是在叙述一个人的某次操作。

（3）这就是作为语气词"焉"所传递的气息：对某种状态的一种肯定式的结束。这里指车胤希望有灯光来照亮书本，从而在晚上也能像白天一样读书的愿望得到了实现。

（4）因为车胤"囊萤夜读"可不是为了什么好玩儿，或是做什么实验，而是有原因的。出示：

家贫不常得油。

运用学过的组词法帮助理解词语。"贫"：贫困，贫穷；"常"：正常；"油"：灯油。

4. 请你们根据和大家的交流所得，用自己的话说说这句话的意思。出示：

家贫不常得油，夏月则练囊盛数十萤火以照书，以夜继日焉。

（车胤）家中非常贫困，不能经常得到灯油，于是在夏天的夜晚，他就在白色的薄绢口袋里装上几十只萤火虫（当灯）来照亮书本，这样在夜晚就可以像白天一样阅读了。

四、 背诵指导， 拓展阅读

1. 背诵指导。

（1）回顾对话式：请用文中原话回答。

问：车胤是个怎样的人？

答：恭勤不倦，博学多通。

问：他的家境如何？

答：家贫不常得油。

问：夏天他想了什么办法来"做灯"？

答：练囊盛数十萤火

问："做灯"的目的是什么？

答：以照书，以夜继日焉。

（2）文本填空式：请根据提示完成填空。

胤恭勤（　　　　），博学（　　　　　　）。家贫（　　　　　），夏月则练囊（　　　）以（　　　　），以（　　　　）。

指名填空，集体指正。

同桌互查，互相指正。

（3）全文背诵。

2. 拓展阅读：与"囊萤"相提并论的是"映雪"，请看相关故事：

晋孙康，京兆人，性敏好学。家贫，灯无油，于冬月尝映雪读书。

——《尚友录》

（1）自由品读，同桌讨论，说说意思。

（2）对照课文，说说车胤和孙康的共同之处。

（3）人们将两人的故事组合在一起，有了成语"囊萤映雪"。来说说这个成语是形容人的哪类品格呢？（好学上进，克服困难，解决问题……）

3. 作业。

（1）背诵课文。

（2）同样是家贫夜间无灯读书，车胤用了"囊萤"的办法，孙康用了"映雪"的办法。还有一个叫匡衡的人，也想出了自己独特的办法，课后去找一找，大家互相交流。（《凿壁偷光》）

附相关文言：

凿壁偷光

匡衡字稚圭，勤学而无烛。邻居有烛而不逮，衡乃穿壁引其光，以书映光而读之。

——晋·葛洪《西京杂记》

世传文言故事欲"传"何意？

——《铁杵成针》文本解读

铁杵成针

磨针溪，在象耳山下。世传李太白读书山中，未成，弃去。过是溪，逢老媪方磨铁杵。问之，曰："欲作针。"太白感其意，还卒业。

这个世代相传的关于李白的小故事不仅情节大家耳熟能详，而且"铁杵成针"的事理更是深入人心。本次录入统编教材，就教学层面来讲，笔者认为当紧扣其"世传"特质，用心"感其意""品其韵"，方能实现"培养学生对祖国文化的情感""感受汉语的美好"之教学目标。

"世传"的特性

在中国拥有数亿粉丝的李白，读罢此篇定然会一甩酒杯，潇洒地对你说："哈哈，别太当真，哥只是个传说！"这个故事和许多中国传统故事一样，只是一个传说。文中点明的"世传"主要体现有如下特点。

1. "世传"的演义性

开篇第一句即与日常故事的叙述方式不太一样："磨针溪，在象耳山下。"中国人讲故事交代地点往往是那种"从前有座山，山里有座庙，庙里有个老和尚……"的思维顺序。按此第一句应该是"从前有座象耳山，山下有条磨针溪……"简化为"象耳山下有磨针溪"。那么文中的说法有何用意？意在突出"磨针溪"，更准确地说是要突出"磨针"——这是整个故事的灵魂所在。我们无法去考证磨针溪先有还是李白先有，但这个故事显示，磨针溪因这个传说而得名。事实上未必不是先有磨针溪，而有好奇的学生不停地问"为什么叫磨针溪"，便激发人创作出这样的故事来。这就是典型的"演义笔法"——以一定的历史事迹为背景，以史书及传说的材料为基础，增添一些细节。这些细节你可以相信，却无从考证。李白确有其人，其诗歌艺术成就举世共识，借其名而如此正面演义，无伤大雅。

2. "世传"的神秘性

但凡对中国道家文化有所了解的人都知道，李白后来被神化为天宫的太白金星，当然这是与其放荡不羁的性格、浪漫超凡的文风极为吻合的文化演绎。许多中国人在面临重要考试之前，总是将太白金星列为重点祭拜的神仙之一。关于李白的家世、求学、交友、从政等故事都多多少少有一些神秘和浪漫色彩。

若按故事的要素来说，这个故事是没有"时间"的，无确切的时间先给故事奠定了神秘缥缈的基调。再去细品这故事中的"老媪"，显然不是凡尘里的普通人物——没有哪位活了几十年的老奶奶会真拿根铁杵去磨针，时间的消耗自不必说，仅从原料的浪费角度来说也是不值得的。但故事就让这样一位老媪心平气和地在此磨针，而且一磨就是几千年。所有的中国人都相信她真的在磨针。但如果在你的课堂上没有一个学生敢于怀疑其真实性，那实在是可悲。好奇的学生自然会问"老媪究竟是谁?""她为什么非要在溪边磨针?""怎么这么巧就让李白遇到了?"，这样一系列的质疑会让他们走到故事创作的源头，明确创作的目标，这对于文本的理解是极为重要的。这老媪若非神仙是来点化李白的（因为考虑到他将来要位列仙班，必然需要有所成就），那么还可能来自哪里? 父母的安排? 对于迷醉于山水之间的孩子，顺其自然地安排一次巧遇来让他醒悟。老师的安排? 特邀一位"嘉宾"来劝告天资聪慧的学生回头完成学业，真是一个会用故事教育学生的高手……凡此种种，面对神秘，学生们的想象肯定比我们的想象还要丰富。

3. "世传"的教育性

一切故事背后都是有动机的，此篇世传的目的很明确：教育学生好学上进。这是一个"育儿故事"。这个故事不只是写给学生看的，还是写给教育者看的。面对不同的学生你必须有不同的教育方法。"欲作针"——如果你得到的已经是细条状的材料，相对要容易一些；如果是一根又粗又长的铁杵，那你必然要定下心来"磨"。同时受现代工业机械化大生产的影响，很多人会将模式化的思维带入教育中去。所以如何"磨"？需要多长时间来"磨"？"磨"的结果如何？都是值得教育者探讨的。至于学生如何从铁杵磨针的情景中"感其意"，不仅取决于老媪的对话艺术，也少不了李白的解读能力。这便是教育过程中的主因和他因的综合效果。

世传如何传 "感"？

世传，世世代代相传。这样一篇45字的短文运用哪些方式来"传感"呢？作为语文课堂教学的文本，我们又该如何通过它非常"汉语"地进行传感？

借言语之感而感不同语言的特色影响着阅读的方式。这是一篇汉语文言小故事，其言语的特色是不容忽略的。除了前文所说的通过第一句在语序上所折射的信息之外，对词语的理解（如对"去""是"这些常见词在文中表示的其不常用的意思）也是值得重视的。另外还可以利用已有的阅读经验来感受词语，比如"弃去"一词在三年级《司马光》一课中就出现过，那么在此进行对照理解，在巩固的基础上进行细微的分析，有助于进一步提升学生的文言素养。

群儿戏于庭，一儿登瓮，足跌没水中，众皆弃去。（《司马光》）

世传李太白读书山中，未成，弃去。

请用句式说一说：（　　　）放弃（　　　），离开了（　　　）。

［大部分孩子（惊慌得）放弃了失足落水的孩子，离开了庭院。

李白放弃了学业，离开了学校（馆）。］

"弃去"是什么意思？（放弃后离开）

"之"作为文言中极为典型的词，有着丰富的意蕴，仅在本文中的指代作用就是极为多元的。"问之"既可以理解为"问她——老媪"，也可以理解为"问这件事——老媪磨针的行为"，还可以理解为"问为什么——这样做的目的"……

1. 借同情之感而感

古人也好，仙人也罢，故事中的李白是个"孩子"，与坐在课堂之中的学生有太多共同之处。虽然每个人的学习情况不同，但无论什么人，一生从未出现过学习或工作上的倦怠几乎是不可能的。因此讨论李白"未成，弃去"的原因，正是一个让学生根据自己的生活经验和学习感受进行认同的好时机。"读书就是读自己"，只有在阅读过程中发现了自己，才会有强烈的感受。正因为正常求学之路会出现"弃"的现象，这样的故事才有其存在的价值，才有可能唤醒阅读者的共鸣情感和深层感悟。

2. 借人物之感而感

这是小学语文教材中出现的第五篇文言课文，如何置身于单元主题，结合第二学段教学目标，实现"从人物的语言、动作等描写中感受人物的品质"这一语文要素训练是我们现代语文课堂需要达成的单元教学目标。整个单元以彰显美好的人格为主题。综观这样的单元主题，李白的故事则是我们借以实现"学业不可荒废，当持之以恒去完成"这样一个感悟的载体。所以李白"感其意"的"意"即为故事要传达的"意"。

世传 "感" 何意？

"太白感其意"，也即文章要我们所感的意。就现代小学语文教学的课堂而言，有哪些"意"可感呢？

1. 感世传之趣

李白对于小学生来说，虽然不算陌生，但终归是"诗仙"，这样一个小故事让他走下了"神坛"，成为一个真正的儿童。

儿童的淘气之趣：学业未成，竟然想放弃而离开——逃学！至于逃学的原因那自是有千百种可能的——作业太多、老师太严厉、喜欢大自然、同学欺负人、想成为一名"驴友"、研究研究昆虫……借一个"为何"而激发的情趣交流，会让学生快速走进文本，将自己与李白合二为一，因为相同的情感学生有了阅读的兴趣。

儿童的好奇之趣：所有的学生对于未知或新鲜的事物都充满好奇，面对老媪磨铁杵这样一个非常态之举，定然充满好奇，而文章恰恰将"问"的内容和过程简单以"之"代替，这就给阅读者带来了极大的想象和发挥空间。如何问？问什么？——既是对故事情节的衔接和补充，又是发挥想象进行语言表达训练的好契机。教学过程中，不妨在学生自由表达的基础上将诸如"您这是在干什么呀？""您为什么要磨铁杵呀？""您想做什么？"之类的白话文句式，结合老媪所答进行文言句式训练。如简练成"汝作甚？""汝为何磨杵？""汝欲何为？""汝欲作甚？"，这样的文言熏陶自然而有趣。

2. 感世传之道

李白的很多故事充满着道家文化色彩，从专业研究的角度那是高深之道，而在小学语文课堂中需要我们将其转化为"常道""可道之道"。文本体现的亦即"铁杵何以成针"之道：将"铁杵成针"和"学习有成"之间进行对应思考，就是这个世传故事要传的"道"。"铁杵"就是一种混沌无知、未成器的状态，"针"就是"学业成功的标志"，"磨"既是一个动作，更是一个实践过程。"磨"是费力的，包含劳累和痛苦；"磨"是费时的，需要耐心和意志；"磨"是有目标的，成就锋芒和轻灵。将这些与求学一一对应，才是李白所"感"之"意"。老媪借磨针来点化李白，世人借李白来劝诫学子，教学借文本来传承文化，至此学生方可明白与自己一样淘气的"儿童李白"如何将自己"磨"成了"诗仙"。

3. 感世传之理

故事传递的道理简单而深刻："只要功夫深，铁杵磨成针"。课堂上可调动学生已有知识来理解：对此你还可以用哪些词语来描述？（锲而不舍、金石可镂、持之以恒、坚持不懈、孜孜不倦……）更需要调动学生已有的学习经验来感受：你有过打磨自己的经历吗？让学生在描述磨炼的过程中树立更强的刻苦意识。

世传文言故事欲"传"何意？每一个讲故事的人都会有自己的用心和策略，每一个阅读故事的人都会读到不一样的自我，而"世传"也正是在那无穷无尽的"意"中成就了自己经典的价值。

由人入文入事　品文传世传人

——文言版《铁杵成针》教学设计

▶▶▶ 教学内容 ···

统编小学语文教材四年级下册第18课

铁杵成针

磨针溪，在象耳山下。世传李太白读书山中，未成，弃去。过是溪，逢老媪方磨铁杵。问之，曰："欲作针。"太白感其意，还卒业。

▶▶▶ 教学目标 ···

1. 正确、流利地朗读课文，能用自己喜欢的方式讲述故事。

2. 识记本篇中的两个生字"逢""卒"。学会运用组词法理解文言词义。

3. 借助注释理解课文中每句话的意思。

4. 激发想象，读出文本空白，个性解读"感其意"之意。

▶▶▶ 教学重点 ···

1. 读出文言特有的意韵。

2. 深入理解"感其意"之意。

▶▶▶ 教学难点 ···

读出文本之空白。

一、太白印象，故事入题

1. 李白，在中国可谓家喻户晓，你们知道他吗？学生自由交流。出示：

李白，字太白，号青莲居士，又号"谪仙人"，是唐代伟大的浪漫主义诗人，被后人誉为"诗仙"，与杜甫并称为"李杜"。其人爽朗大方，爱饮酒作诗，喜交友。

2. 自由说说你所了解的李白的作品。

（一至四年级教材中出现过的：《古朗月行》《静夜思》《赠汪伦》《望庐山瀑布》《夜宿山寺》《望天门山》《朝发白帝城》……）

在上个单元的语文园地，我们还学过他的《独坐敬亭山》。（一起背诵）这么了不起的一位大诗人，小时候也和所有淘气的孩子一样逃过学哦。你们知道关于他逃学的这个故事吗？

（学生讲述）

3. 今天，我们就来学习这个故事的最初版本——文言版《铁杵成针》（板书课题）

4. 学习了刚才的故事，对这"铁杵"和"针"大家定然已经了解了。一般情况下，人们说起这个故事会在这四个字中加上一个字，你们知道是什么字吗？（磨）请你们结合故事特点就这个"磨"字提几个问题：为什么磨？怎么磨？磨的结果如何？……这些问题在原文的阅读中能不能找到答案呢？

二、初读课文，要素入手

1. 自读课文：读准字音，读通句子。

2. 指名朗读，字音、句读指正。（重点字音：逢、媪、卒）

磨针溪，在/象耳山下。世传/李太白/读书山中，未成，弃去。过/

是溪，逢/老媪/方磨铁杵。问之，曰："欲作针。"太白/感其意，还/卒业。

3. 故事一般包括哪些要素？通过阅读你们能在文中找到答案吗？

时间：无。

地点：象耳山下磨针溪。

人物：李太白、老媪。

起因：李太白读书未成，弃去。

经过：逢老媪磨针。

结果：还卒业。

4. 蹊跷的第一句。出示：

磨针溪，在象耳山下。

（1）你觉得这个故事的开头有什么不太一样？（学生自由讨论）

（2）时间的空缺：说明这个故事的"无根"。

（3）对比两种说法有什么不同？

在象耳山下有条磨针溪。　磨针溪，在象耳山下。

第二种说法突出了"磨针溪"，将其作为主要描写的对象。

（4）思考：这个故事和这条溪的名字哪个在先？

5. 小结：如此开头，引出的故事，只能是一个"世传"。

三、深读课文，环节入胜

1. 再读课文，找出故事三要素对应的句子。

第2句写起因：李太白读书未成，弃去。

第3、4两句写经过：逢老媪磨针。

第5句写结果：还卒业。

2. 品读起因（第2句）。

（1）世传李太白读书山中，未成，弃去。

（2）运用组词法理解带点的词。（传：传说；成：完成；弃：放弃）

（3）理解"弃去"。出示：

群儿戏于庭，一儿登瓮，足跌没水中，众皆弃去。（《司马光》）

世传李太白读书山中，未成，弃去。

请用句式说一说：（　　　）放弃（　　　），离开了（　　　）。

[大部分孩子（惊慌得）放弃失足落水的孩子，离开了庭院。

李太白放弃了学业，离开了学校（馆）。]

"弃去"是什么意思？（放弃后离开）

（4）用自己的话说一说句子的意思。（世间传说李太白就在这座山中读书，还没有完成学业，就放弃了学业离开学校。）

（5）你们有什么想问李白或是要替李白代言的吗？（你为什么不继续学习？你准备去哪儿？你为何要放弃学业？你最喜欢什么？……作业太多、老师太严厉、我想散散心……）

（6）看来儿时的李白和我们一样，有各种各样想要逃学的理由。

3. 品读经过（第3、4句）。

（1）过渡：这象耳山可有太多太多值得欣赏游玩的地方了，李太白遇到了一件蹊跷事儿。

（2）出示：

过是溪，逢老媪方磨铁杵。问之，曰："欲作针。"

（3）读一读书中对"是"和"方"的解释，和我们平常对这个词语的理解有何不同？

文中：是——这；方——正在。

常见：是——与"否"相对；方——表示形状。

文言中的词语意思常常与现代汉语的意思不同，可不能简单地用现代常用的意思去解释文言哦。

（4）你们还能理解哪些字词的意思？

逢——生字书写指导；换字帮助理解：遇、碰……

老媪——老奶奶。

欲——想，准备。

（5）"问之"。这里原本应该有对话的，却被省略了，你们能否找出哪个字起到了这个作用？（之）这个"之"指什么？（老媪，问老媪的话）发挥你的想象，补充一下：

太白问：老奶奶，＿＿＿＿＿＿＿＿＿＿＿＿＿＿？

（您这是在干什么呀？您为什么要磨铁杵呀？您想做什么？……）

太白问："老人家，汝＿＿＿＿＿＿＿＿＿＿＿＿？"

（汝作甚？汝为何磨杵？汝欲何为？汝欲作甚？……）

（6）根据老媪的回答"欲作针"，判断一下哪种问句比较合理。

（7）朗读：师指名学生配合，进行角色表演朗读。

（8）还可能有第二次对话，会说些什么呢？同桌结合补充内容进行分角色表演朗读。

（9）集体读原文。

4. 品读结局（第5句）。

（1）过渡：李太白就是李太白，遇到了这样有趣的一件事，聪明的他得到了点化。出示：

太白感其意，还卒业。

（2）指名说说句子的意思。（李太白深深地被她的意志所感动，返回学堂完成学业。）

（3）你们认为李太白所感的是一种怎样的"意"？（自由发言）

意志：只要功夫深，铁杵磨成针。由此你们可以用哪些词语来描述？（锲而不舍、金石可镂、持之以恒、坚持不懈、孜孜不倦……）

四、人物品味，情境入诗

1. 找人：读完故事，我们来看看故事里的人：李太白，老媪。请你们找一找这两个人物在文中出现了几次？

直接出现：李太白、太白、老媪。代词出现：之、其——老媪。

游戏：李太白除了会"问之"，还有可能"（　　　　）之"。

李太白除了"感其意"，还有可能"（　　　　）其（　　　　）"。

发现隐身（主语被省略）：（李太白）过是溪，逢老媪方磨铁杵。

（李太白）问之。

说明：虽然隐身，还是被大家的火眼金睛看出来了。文言文中这样的省略主语的现象很常见。

2. 请根据提示，复述课文。

磨针溪，在（　　　　　　）。世传（　　　　　　）读书山中，未成，（　　　　）。过是溪，逢（　　　　）方（　　　　　　）。问之，曰："（　　　　）。"太白（　　　　　　），还（　　　　）。

3. 感"文"意。

（1）读过这个故事，你们觉得有不可思议的地方吗？

神秘的"老媪"做着不可思议的事情："磨杵成针"。老媪真的为了得到一根针？一根针用得着用铁杵来磨？

（李太白家的亲人特意安排的，老师安排人扮演的，神仙变的……）

（2）"世传"的目的是什么？——教育学生完成学业，不可半途而废。

（3）你们放弃过什么追求吗？读了这篇文言文你们又感何意呢？

句式训练：（　　　　　　），未成，弃去。

读文言文《铁杵成针》，感其意，（　　　　　　）。

五、作业

1. 尽量用文言文讲述故事。

2. 收集古代好学故事，与大家交流。

说少年之说　说中国之说

——《少年中国说（节选）》文本解读

说，作为一种文体，近乎"杂说"之意。古有《师说》《天说》为例，而细品此处的"说"，它又包含很多意思：有"出言"意；有"解说"意；有"主张"意；有"告知"意……当然也不失其最基本的"言语表达"的意思。《少年中国说》作者为戊戌变法（百日维新）领袖之一的梁启超。教材中只是选录了原文的片断，编入整个爱国主题单元。同单元还安排了这样几篇课文：《古诗三首》（陆游的《示儿》、林升的《题临安邸》和龚自珍的《己亥杂诗》）、《圆明园的毁灭》、《小岛》。单元编排以历史年代为序，不同文本呈现了不同时期国人的情感与思想。

说中国之说——原文之背景

课文呈现的是《少年中国说》的结尾部分，但作为中国人，作为一名语文教师，必须首先了解文本的全貌及作者创作的用意。这是一篇怎样的爱国之作？那个年代的"国"之概念是什么？那个年代的人是如何看待"国"的？他们又为之付出了什么？他们又期待着什么？

作者梁启超，字卓如，号任公，是中国近代维新派领袖，是中国近代史上著名的政治活动家、启蒙思想家、资产阶级宣传家、教育家、史学家和文学家。他还曾提出"诗界革命"和"小说界革命"等文体改良之说。生活于封建帝制与民主革命交叉时期的梁启超，在戊戌变法失败后创出这样一篇具有强烈鼓励性的政论文，饱含真情地阐述中国是一个正在成长的少年中国，极力赞扬少年勇于改革的精神，鼓励人们肩负起建设少年中国的重任，旨在驳斥当时日本和西方列强称我国为"老大帝国"的一种论说。文章当时发表在《清议报》上，影响深远，被称为"开文章之新体，激民气之暗潮"的代表作。

文中提出了"中国"之全新的定义，认为中国虽有几千年的文明，但并不能称其为"国"。虽然有国家的名义，但并不具备国家的形式，那只是作为家族的、酋长的国家，或是作为封建诸侯的、一王专制的国家。他给国家所下的定义是："有土地，有人民，以居于其土地之人民，而治其所居之土地之事，自制法律而自守之；有主权，有服从，人人皆主权者，人人皆服从者。"地球上开始有名副其实的国家，只是近百年以来的事，所指的也即理想的资产阶级共和国。所以他认为西方称中国为"老大帝国"是不妥的，因为如果中国是"老大帝国"，那么就是一个过去的国家，即地球上原来就有这个国家，而今渐将消失。如果中国不是"老大帝国"，那么这将是一个未来的国家，即地球上过去从未出现过的一个全新的国家，日渐发达起来，来日方长。

原文中，他相对于暮气沉沉的"老年"，描摹出少年之气象：喜欢考虑将来，产生希望之心、进取之心，而追求日日更新；少年敢于破格，乐观向上，充满旺盛的朝气，豪情万丈；少年敢于冒险，创造世界，天下一切事情都无不可为；少年如朝旭初阳、初生的虎犊、飞侠；少年如活泼的戏文，如喝了白兰地烈酒，如海洋中的珊瑚岛不断增生，如西伯利亚的大铁路不断延伸；少年是初春萌发的青草，是长江源头的涓涓之水。

教材中的节选部分正是选了其中最具激励性的"少年与国之关系""中国所呈现出来的少年之气象"两个片断。即便在脱离了全文背景和历史背景之下，读来依然可以感受到那种朝气蓬勃的豪情，那种意气风发的激昂。

说少年中国——心愿之美好

作为革命先驱，作者对中国的未来是充满信心的。"美哉，我少年中国，与天不老！"他坚定地锁定了"少年"与"中国"的关系，相信少年，也相信中国！笔下的"少年"和"中国"是一层一层向上的：智→富→强→独立→自由→进步→胜于欧洲→雄于地球。时至今日，事实上还有一个新的台阶：翱翔太空。这是一个少年成长和一个国家发展的阶梯。

少年智慧我国家就智慧，少年富足我国家就富足，少年强大我国家就强大，少年独立我国家就独立，少年自由我国家就自由，少年进步我国家就进步，少年胜过欧洲，我国家就胜过欧洲，少年称雄于世界，我国家就称雄于世界。这段话直如白话，对于五年级学生来说，在词句的理解上没有问题，教师的教学重点在于引导学生读出句子之间的关联。

创作此篇的梁启超当时也不过二十七岁，正值热血沸腾的年华，面对国之历难，他不仅义不容辞地担当起责任，还振臂呼吁更多的中国少年一代共同创建未来的少年中国。因为只有少年才是新生并将与世界结缘。全国的少年果真成为充满朝气的少年，那么中国作为未来的国家，它的进步是不可估量的。假如全国的少年也变成衰老腐朽的人，那么我们中国就会成为从前那样的国家，它的灭亡不久就要到来。

课文所选的片断特别适合朗诵。从句式结构上来说，由单音节的"智""富""强"，再到双音词的"独立""自由""进步"，最后到"胜于欧洲""雄于地球"的四字短语，所带来的节奏感分明能给人一种拾级而上的从容和荣光。加之排比句式所带来的冲击感，在语气上起到了推波助澜的作用，因此，仅仅是朗诵本身就足以让人有一种奋发向上的代入感。

从内容理解上来感受，其词语内涵逐步扩展。首先让你感受到人之成长所带来的视野变化：心智的成熟才有可能使你的人生变得富足。只有物质与精神都富足的人才可能实现真正的强大。而强大的首要标志就是成为具有独立人格的人。只有具备了独立人格的人才算是真正被解放的人，也即实现肉体和精神上的真正自由。至此你方才可以整装待发，凭借自己的实力行走于外面的世界，胜于任何一个种族的人，成为一个可以傲视全球的人之骄子。而作者以"则"字将国之命运与少年之成长紧紧地"捆绑"在了一起：一个国家必须有健全的体制才可能实现全方位的富足。民众生活与民族精神的富足是国力强盛的基础，只有强盛的国力方能谈独立，所谓"弱国无外交"——没有国力你连说话的权利都没有。只有求得一片立足之地，方有谈论自由的资本，也只有实现了自由的行动力，你才可能前行。只有进步方有超越的可能，方有傲视全球的希望。

梁启超虽面临失败与挫折，但他具前瞻性地看到了中国之希望，如看到世间万物初萌之欣欣然。

说少年之说——意象之聚集

在激越的鼓动之后，接下来所呈现的就是对中国少年之气象的具体呈现，铺陈出一系列"少年"意象：红日、河流、潜龙、乳虎、鹰隼、奇花。用它们来形象地诠释前文所提出的国之运象。

"红日初升，其道大光。河出伏流，一泻汪洋"是此段的总起，也是对上文的一个整体注释：红日刚刚升起，道路充满霞光——写出了日出东方的曙光吉象。黄河奔腾而来，汹涌奔泻浩浩荡荡——写出了整个民族前行的方向：必然是面向大海，面向世界。

"潜龙"既有卧龙腾飞的传统意象，也隐含失败后的韬光养晦。潜龙从深渊中腾跃而起，它的鳞爪舞动飞扬——潜卧之龙已经醒来，无论是从智还是从富的角度，蓄势已足，整装待发。"乳虎"虽然不比雄狮却终究是虎，实力自强，在山谷吼叫，所有的野兽都害怕惊慌，也许连自己都难以准确地估量出自己的威力。羽翼丰满的雄鹰、隼鸟追求的是搏击苍穹的独立和自由，而它们振翅欲飞，自然有风和尘土随之高卷飞扬。奇花刚开始孕起蓓蕾，灿烂明丽，茂盛茁壮——自由之花必将绽放，散发生命独特的芬芳。

干将是古代传说中的十大名剑之一。干将、莫邪是干将、莫邪铸的两把剑。干将是雄剑，莫邪是雌剑。"干将莫邪"也即锋利宝剑的代名词。"干将发硎，有作其芒"——刚刚离开磨刀石的剑当然是最锋利的，读来分明听到那清脆的抽剑之声。剑已出鞘，谁与争锋；剑锋所指，所向披靡，分明感受到剑锋所闪射出的光芒。少年啊，你必将仗剑天涯，完成自己的使命。纵越悠久的历史，驰骋辽阔的疆域——这是少年作为的天地，也是少年前行的后盾和动力。

"前途似海，来日方长"则是呼应了开头的"一泻汪洋"。中国与世界之间是有"汪洋"的，它既可以成为阻隔，也可以成为纽带。肩负重任的少年，全新之中国，前途必然像海一般宽广，未来的日子因源远而流长。

这一自然段在形式上继上一自然段的排比句式转化为一种汉语特有的四字短语，对仗工整，读来气势非凡。还如诗般押韵：光、洋、扬、惶、张、皇、芒、黄、荒、长。所押"ang"韵极具豪情，读起来荡气回肠，心情也变得特别开阔。特别是集体诵读，极具感染力。而从修辞手法上，必须引导学生感受象征手法的力量所在。我们在理解诸多"少年"意象过程中，不能仅停留在"比喻"说上，要体会到象征手法蕴含内涵的丰富性。它往往不必像比喻那样追求形象上的类比，它更注重于抽象层面的意会：依照具体的"象"所表露出来的迹象和现象，体会事物之间的某种联系；借助某人某物的具体形象以表现某种抽象的概念、思想和情感。作者本身的文学底蕴使得他对于汉语的节奏把握精准，典故的运用可谓信手拈来，其立意之高远、含义之深刻学生在阅读理解过程中未必能通透地感受，建议教师给予方法上的引导，但不必逐字逐句地去剖析帮助理解。相信随着岁月的流逝和经历的丰富，学生会逐步感受到这些美好的意象之间的关联以及它们所凝结蕴含的综合理念。

说中国少年——期望之殷切

在一番飞扬的激情之后，情绪逐渐平复，并由此想象着来日的美好而进入舒缓的抒情。美哉我少年中国，与天不老！壮哉我中国少年，与国无疆！

"天""国""人"在此融为一体：美丽啊我的少年中国，将与天地共存不老！雄壮啊我的中国少年，将与祖国万寿无疆！情感由人及国，由国及天地铺陈开去，那天际处分明是一片辉煌灿烂的前景。

在原文末还有一小段话：

"三十功名尘与土，八千里路云和月。莫等闲，白了少年头，空悲切。"此岳武穆《满江红》词句也，作者自六岁时即口受记忆，至今喜诵之不衰。自今以往，弃"哀时客"之名，更自名曰"少年中国之少年"。

"哀时客"一说原本出自明代区益的《夜泊东洲寺》："子山旧是哀时客，晚得诗名慰寂寥。"也即那些伤悼时势、为时势哀伤的文人墨客、政客。梁启超一度以"哀时客"为号。而在完成《少年中国说》之后，注明自己更号为"少年中国之少年"，即以创建少年中国为己任，成为与"少年中国"同呼吸之"中国少年"。如果以人之年龄来划分，二十七岁早已经过了少年时期，可见此处的"少年"是指富有创新精神和爱国志向的一代民族新人，已经与客观的年岁无关，可以是真正的年少之人，也可以是意气风发的年轻人，当然还可以是"归来依然是少年"之人。也正因此，不同年龄的人都可以从中读到自己的担当和责任。

距离梁启超写此文章已经过了一百二十年，对一个人的生命来说，已是完结，但对于一个国家，可以说依然是"少年"，不只是与曾经的几千年岁月相比所得，更因为国力尚未到强盛之际，自然是未脱少年之锐气。国之强盛，你我都在其列，自当发愤图强，来日方长！

聚"象"而得意　集"说"而感情

——《少年中国说（节选）》教学设计

▶▶▶ 教学内容 ···

统编版小学语文教材五年级上册第 13 课

少年中国说（节选）

　　故今日之责任，不在他人，而全在我少年。少年智则国智，少年富则国富，少年强则国强，少年独立则国独立，少年自由则国自由，少年进步则国进步，少年胜于欧洲，则国胜于欧洲，少年雄于地球，则国雄于地球。

　　红日初升，其道大光。河出伏流，一泻汪洋。潜龙腾渊，鳞爪飞扬。乳虎啸谷，百兽震惶。鹰隼试翼，风尘吸张。奇花初胎，矞矞皇皇。干将发硎，有作其芒。天戴其苍，地履其黄。纵有千古，横有八荒。前途似海，来日方长。

　　美哉，我少年中国，与天不老！壮哉，我中国少年，与国无疆！

▶▶▶ 教学目标 ···

1. 正确、流利地朗读课文，背诵课文。

2. 理解本课"少年"之寓意，体会少年中国与中国少年之间的联系。

3. 结合作者及原文背景资料，感受文章表达的思想感情。

4. 引导学生感受汉语节奏的美感，体会连贯的气势，培养热爱文言的情感。

▶▶▶ 教学重、 难点 ···

理解本课"少年"之寓意，体会少年中国与中国少年之间的联系。

▶▶▶ 教学时间 ···

两课时。

▶▶▶ 教学过程 ···

一、揭题析题

1. 导语：著名作家艾青谈及自己的祖国，他这样说——

为什么我的眼里常含泪水？因为我对这土地爱得深沉……

千年来，多少仁人志士以不同的方式表达着对生养自己的土地的爱。在前一课《古诗三首》中，我们感受了陆游至死不忘恢复中原，林升愤然抨击醉生梦死的南宋朝臣，龚自珍更是期待杰出人才的涌现，期待着改革大潮的荡涤。今天我们再来学习一篇展望祖国前途命运的文章。

2. 板书课题：少年中国说（节选）

3. 调查：通过课前预习，你们对本篇文章有了哪些了解？

（1）作者资料：梁启超（1873—1929），字卓如，一字任甫，号任公，又号饮冰室主人、饮冰子、哀时客、中国之新民、自由斋主人。清朝光绪年间举人，中国近代思想家、政治家、教育家、史学家、文学家，戊戌变法（百日维新）领袖之一，中国近代维新派、新法家代表人物。

（2）创作背景：1898 年戊戌变法失败后，梁启超逃亡日本，有感于清廷的腐败、列强的欺凌，于 1900 年发表了《少年中国说》这篇著名的演说稿。

（3）说：一种文体。（《爱莲说》《师说》《马说》等）

（4）析题："少年"在词典中有这样几个义项：①古指青年男子。②现一般指 10 周岁上下到 18 周岁上下的年龄段。③指上述年龄段的未成年人。你们认为在文章中是指哪一种意思？（存疑）学习完这篇课文，你们可能有更新的发现。

如何理解"少年中国"：青春年少的中国；全新的中国；正在创建的中国；属于少年的中国……

过渡：此篇与其他课文最大的不同还在于它是一篇文言文，下面就请自由朗读课文。

二、初读课文，达成基本要求

1. 正确读准字音，读通句子，难读的地方多读几遍。

2. 标注出自己不理解的词句。

指名朗读课文：正音，指导句读。

三、再读课文，聚"少年"之象

1. 用笔画出课文中的"少年"（共 11 处）。在课文的第一自然段和第三自然段中，你们有什么发现？

出现"少年"的地方就出现"国"。（第一个"少年"除外）

2. 第二自然段中是没有"少年"的，你们同意吗？（讨论）

3. 原来"少年"不只是可以直接写成"少年"，还可以用各种形象来表示，请找出第二自然段中的"少年"，并说说理解。

4. 交流：

红日初升——刚刚升起的太阳，就像朝气蓬勃的少年。

河出伏流——刚从地下流出的河流（古诗文中的"河"多数默认为"黄河"）就像刚出行的少年。

潜龙——潜心修炼的龙，就如同等待时机的少年。

乳虎——初生的小老虎，如虎虎生风的少年。

鹰隼——试翼的雏鹰，如搏击长空的少年。

初胎的奇花——含苞待放的花朵，如未来可期的少年。

干将发硎——刚刚磨好的利剑，如锋芒初露的少年。

（补充资料：干将是古代传说的一把剑，十大名剑之一。干将、莫邪是干将、莫邪铸的两把剑。干将是雄剑，莫邪是雌剑。"干将莫邪"也即锋利宝剑的代名词）

5. 原来这个世界可以称为"少年"的事物很多。你们能发现它们和人类少年的共同特点吗？（充满朝气、充满能量……）

6. 这种手法与我们以往学习的比喻是有区别的，叫"象征"手法。文中用红日、河流、潜龙、乳虎、鹰隼、奇花、干将（利剑）这些具体事物表现"少年"这个抽象概念，这种用具体事物和迹象来表示一种具有特别意义的特征就叫"象征"。今后，我们会不断地遇到这样的描写手法，慢慢学会体会其中所蕴含的丰富意象。

7. 这些不同的"少年"意象都各有自己展示"少年"的形式，我们一起来诵读感受一下吧。（集体诵读）

8. 交流感受：每句八字，四字一顿；每句都押韵；所押的是"ang"韵，给人一种开阔辽远、豪情万丈的感觉。

9. 过渡：这些"少年"为何如此排列？它们之间有怎样的一些关联呢？我们必须回到第一自然段中去好好体会。

四、三读课文——说"中国"之情

1. 指名读课文第一自然段。

2. 说说自己的感受和理解。

排比句式很有气势。"少年"与"国"的关系特别紧密。

3. 理解"于"的不同意思：少年胜于欧洲则国胜于欧洲，少年雄于地球则国雄于地球。第一个"于"是"比……"的意思。"胜于"即"比……还胜"的意思。（类推：红于，比……还红）第二个"于"相当于"在"的意思，"雄于地球"即在地球上称雄。

4. 你们认同作者的这种说法吗？（学生自由发表意见）

（1）针对"少年中国"这样的说法，你们觉得必然有什么与之相对？

（老年中国）相信查找资料、看过原文的同学定然知道。如有兴趣我们不妨去试着读一读。

（2）出示作者创作背景：当时日本和西方列强称我国为"老大帝国"，文章发表在《清议报》上。

（3）你们认为日本和西方列强称我国为"老大帝国"是什么原因？（自由说说当时中国的贫穷与落后）

5. 那么梁启超眼中的中国是怎样的？（老大：是历史悠久的中国；少年：创建全新的中国）

6. 自由朗读第一自然段，圈出关键词：智→富→强→独立→自由→进步→胜于欧洲→雄于地球

你们从中发现了什么？（这是一个逐步强大的阶梯式发展过程）

7. 交流：从少年的角度来感受，这是一个怎样的过程？

心智的成熟才有可能使你的人生变得富足，只有物质与精神都富足的人才可能实现真正的强大。而强大的首要标志就是成为具有独立人格的人，只有具备了独立人格你才算是真正被解放的人，也即实现肉体和精神上的真正自由。至此你方才整装待发，凭借自己的实力行走于外面的世界，胜于任何一个种族的人，成为一个可以傲视全球的人之骄子。

从一个国家的发展来感受，这又是一个怎样的过程？

一个国家必须有健全的体制（心智所建）才可能实现全方位的富足，民众生活与民族精神的富足是国力强盛的基础。只有有了强盛的国力方能谈独立，所谓"弱国无外交"——没有国力你连说话的权利都没有。只有求得一片立足之地，方有谈论自由的资本；也只有实现了自由的行动力，你才可能前行。只有进步方有超越的可能，方有傲视全球的希望。

8. 小结：所以说，国之命运即少年之命运，少年走向即国之走向。

过渡：有了这样一个对阶梯式发展的理解，我们再来读第二自然段，你们会发现作者安排的巧妙之处。

五、四读课文——激中国少年之热情

1. 交流结构上的对应。

初升红日、河出伏流→智（能量储备）

鳞爪飞扬的潜龙、令百兽惶恐的乳虎→富→强

翱翔蓝天的鹰隼、瑰丽无比的花蕾→独立→自由

利剑出鞘、仗剑天涯→进步→胜于欧洲

纵横天地之间→雄于地球

2. 小结：原来虽然结构上句式不同，但是表达的思维层次却是一样的。这就是文章的一脉相承。

3. 原来"少年"与"中国"的关联就是这样丝丝入扣、缕缕关情，至此，作者由衷地发出感叹——美哉我少年中国，与天不老！壮哉我中国少年，与国无疆！

说说你们的理解："不老"就是"无疆"。少年、中国、苍天——同命运，共生死。

4. 贯通了理解，你们的朗读会有一种一泻千里之气势。集体朗诵。（配乐）

六、资料拓展——延伸思考

1. 这篇课文只是《少年中国说》的一个节选，所选的内容正是全文的结尾部分。而在全文的最后，作者还做了一小段说明，出示：

"三十功名尘与土，八千里路云和月。莫等闲，白了少年头，空悲切。"此岳武穆《满江红》词句也，作者自六岁时即口受记忆，至今喜诵之不衰。自今以往，弃"哀时客"之名，更自名曰"少年中国之少年"。

提问：作者有很多笔名和号，写了这一篇文章之后，他更名为"少年中国之少年"是何用意？（他自认为他就是创建少年中国的少年）

出示：

梁启超（1873 年 2 月 23 日～1929 年 1 月 19 日）于 1900 年发表了《少年中国说》。

根据资料，你们知道了什么？（梁启超写这篇文章时已经二十七岁）如何回答读课文之初对"少年"的解释？

学生自由讨论。

2. 总结："少年"是指富有创新精神和爱国志向的一代民族新人，已经与客观的年岁无关，可以是真正的年少之人，可以是意气风发的年轻人，当然也包括"归来依然是少年"之人。也正因此，不同年龄的人都可以从中读到自己的担当和责任。你、我、他——每一个愿意为中国而献身的人都是"少年"！

七、作业

1. 有感情地背诵课文。
2. 拓展阅读《少年中国说》全文。

溯流而上书山　顺流而下学海

——《古人谈读书》文本解读

　　部编教材以极大的热情高举起了阅读这面鲜艳的旗帜，如此的倡导可谓是新中国成立以来教材之最了。事实上阅读被提到怎样的高度都不为过，因为只有这样才能让学生成为真正的读书人。小学语文教材五年级上册特意安排了一个以阅读为主题的单元——第八单元。单元页引用了苏轼的名言："旧书不厌百回读，熟读深思子自知。"该单元安排了三篇课文，《古人谈读书》为三个文言短篇（后改为两个短篇）；《忆读书》是著名作家冰心谈自己的读书经历；《我的"长生果"》为当代小说家叶文玲谈阅读与写作的关系。口语交际训练是《我最喜欢的人物形象》，习作主题为《推荐一本书》，"语文园地"中的所有栏目也都与读书相关。

　　就本单元开篇的《古人谈读书》教学，笔者准备从两条路径来实现教学解读：一条是"溯流而上"，一条是"顺流而下"。借此篇引导学生"上书山""下学海"。

溯流而上书山

　　阅读原本就是一个溯流的过程，因为我们无法读到未来人的作品，我们只能去阅读人类文明的曾经，"古人"谈读书，自然给人以时代感，有一种需要溯流而上的阅读感。那么这篇课文有哪些"源"可溯呢？

1. 文明的渊源

三篇短文是依时序来编排的。第一篇内容出自《论语》。《论语》并非一人一时所作，相当于春秋时期孔子的弟子以及弟子的弟子所整理的孔门师生教学笔记，而本篇中所选用的三则都出自孔子之口，也即这些都是孔子对于学习（不只是阅读）的看法。第二篇言论来自朱熹，朱熹是宋代人，与孔子相去 1681 年。第三篇是清代曾国藩所作（注：改版后被删减），他距离朱熹又有了近七百年的岁月。而曾国藩距离我们也有两百多年的光阴。人类正是在这样一代又一代的"阅读"中得以生生不息。

中华民族文明的源头可以追溯到夏商周时期，对于现代人来说，那时的世界还"小"。孔子所读之书并没有完全的记载与统计，有《周易》《诗经》《尚书》这些确切的答案。与现代书籍相比，数量上那真是九牛之一毛，然而它们恰恰是华夏民族的文化源头。朱熹与曾国藩所读之书虽然也无法一一列出说明，但他们都是儒家学者，可谓都是孔门弟子。曾国藩更系孔子弟子曾子的七十世孙。梁启超提出中国历史上有"两个半"圣人，孔子为至圣，王阳明为另一个，而曾国藩就是那半个圣人。"程朱理学"足以证明朱熹在儒家学派中的重要地位。编写者如此安排，显然是让我们找到三人对读书观点的一脉相承之处，找到三者之间的渊源。

2. 智慧的源泉

"智"可谓读书之灵魂："知之为知之，不知为不知，是知也。"这种"知（智）"有三个层面：不知→知→知不知。由此朱熹提出了具体的"智慧"阅读的方法："读书有三到，谓心到，眼到，口到。"朱熹的"智"就体现在提出了"三到之中，心到最急"。"急"的字义在古今有了一定的变化，此处是"要紧，重要"的意思，也即在"心到，眼到，口到"之中，"心到"是首位的。而到了曾国藩那里，"心到"则表现为"有识"的提升。阅读不仅要读进去，更重要的是要有自己的见识，"有识则知学问无尽"，这个"有识"上随"有志"而起，下启"有恒"之可能。

读书人贵在有"志"。"好学"是成功阅读者的共同品质。孔子"十有五而志于学",正因为"敏而好学",才有了"三人行,必有我师焉;择其善者而从之,其不善者而改之""不耻下问"这样的学习态度和行为。在朱熹的观点中,"志"由"心"生,所以"心既到矣,眼口岂有不到乎?"曾国藩则直接提出首位是"有志",因为"有志则断不甘为下流"。如果谈"智商"的话,那么这三人中曾国藩应该属于智商最低的。无论是别人的记述还是其自评,对他的聪明程度历来都是差评。最为经典的一个传说就是挑灯夜读的他,让梁上君子听读成诵了,而他还是不会背诵。这样一个笨人,何以成为千古以来的"半个圣人"?靠的就是这种"不甘为下流"之志的支撑。

有"志"有"智"的读书,还必须以"坚持"来呈现其生命力。"学而不厌"是孔子的追求。《论语》中的原文是:"子曰:'默而识之,学而不厌,诲人不倦,何有于我哉?'"也就是说"默而识之,学而不厌,诲人不倦"相当于孔子的"日三省吾身"的追问,不断地敦促自己"识之""不厌""不倦"。朱熹对于阅读的追求同样在于一种"持久",虽然文中是从记忆持久的层面来说的,但过程中的"坚持"精神被提到了最终目的性的高度:"只漫浪诵读,决不能记,记亦不能久也。"曾国藩的读书论对于这种"坚持"可能体现得更直接:"有恒者则断无不成之事",也即"有志者事竟成"的不同说法。

3. 情趣的源头

谈及"圣人",谈及"理学",似乎总是给人以一种过于严肃、过于高远的感觉。其实这三位先贤靠的并非"吃苦"精神,在他们眼中,读书绝非"苦"事。教学不要拘泥于对文本内容的理解与记忆,而是借此为学生打开一扇窗。读读三位先贤的相关故事,他们的形象会更丰满;拾级而上,看看三位先贤身边的风景,才会对面前的"书"渐生钟爱之心。

除了曾国藩的小故事之外,《论语》中孔子的故事更是丰富多彩,必须在《论语》中找到相关联的内容,形成主题模块,这样更利于理解、记忆乃至运用。比如前面所讲到的"默而识之,学而不厌,诲人不倦",除了可放置到原本的语言环境中思考,作为教师,还应该有关联性的积累,如关于"识(zhì)之",还有"多闻,择其善者而从之,多见而识之";另外与"不厌"与"不倦"相关的有"子曰:'若圣与仁,则吾岂敢!抑为之不厌,诲人不倦,则可谓云尔已矣。'"。还有"公西华曰:'正唯弟子不能学也。'"。通过再现这样生动的对话场景,不仅丰富了孔子"不厌""不倦"之内容,还阐明了"圣人"之所以为"圣人"的原因。

至于朱熹对读书提出的要求出自《童蒙须知》,又作《训学斋规》,其书决定了其训诫的口吻,要当成规则来读。朱熹常常从生活细节中挖掘自己的"理学"之所附,让别人接纳他的理念,这正是其智慧所在。结合其作《观书有感》即可见阅读给他及所有人带来的好处:"向来枉费推移力,此日中流自在行。"如此轻快的阅读感受,何"苦"之有?

被冠以"笨人"的曾国藩,发表看法还是极注重深入浅出的,除了他自身的轶事之外,文中还有两个非常典型而有趣的故事:河伯观海、井蛙窥天。"井蛙窥天"就是学生们熟悉的坐井观天,学生们不太了解的是"河伯观海",需要资料补充,辅助理解文本的深层意思。

书,读到了脑海里,而脑海并不是所有文字的终极去处。如何下海去行船,感受如"蒙冲巨舰一毛轻"般的"自在行"之快乐,才是阅读的宗旨!

顺流而下学海

面对初步接触文言的学生,教学中我们应该就其具体内容进行一些探究性学习。

1. 学而时习——习得中的"自在行"

通过前文的解读说明,可见这三个短篇既相对独立又是一个整体。

根本原因就是其内在的相承，这种相承被谁读到，这种相承就与谁发生了关联。我们必须将阅读带到每个阅读者的生命中去，让读者将自己的生命读进这些文言里，这样的来回才是阅读真正的目的。

古今异趣　语言文字会随着时代的变化而悄然变化，对于这个点的关注直接影响到学生对内容的理解。比如"三到之中，心到最急"，此处的"急"在现代汉语里多指"着急"，教者不妨让学生根据自己的理解讲一讲。当他们发现作"着急"理解时，整个句子都是别扭的，会感受到古今的文化差异。这类词语很多，诸如文中的"断"，也不能凭借现代阅读经验来判断其含义。教师要有意识地引导学生进行一些对比理解。再如"走"，在古代指"跑"，在现在就是"行走"，类似于"散步"的意思。

内外意趣　相对于白话文，文言的特质是简短，但却并不明快，要调动一切可调动的教学资源来形成利于学生消化的"营养餐"。比如在理解本文的基础上，辅助性阅读《观书有感》第一首，体会朱熹于"源头活水"中赋予的深刻含义，感受只有不断学习、运用、探索，才能使自己永葆先进和活力，从而感受、品味自然之"心到"带来的"自在行"。

"学而时习之，不亦说乎。"方法在实践中获取，知识在运用中升值，有了这样呼应性的阅读安排，文言也就不再"板着面孔"了。

2. "知之"与"不知"——智慧创新中的"自在行"

通过学习，一定要让学生感受到三位古人之间由阅读所构成的关系：阅读，让这在现实世界里不可能相遇的三个人穿越时空而相遇了。这种相遇，必须要保证后来者既是承继者，又是创新者。朱熹正是在孔子的思想中生发出创新的思考的，为孔子的理论总结提炼出一种行之有效的具体的操作方法。曾国藩的记忆力可能真不好，但绝不影响他的创造力。

《论语》为语录式的记载，近乎教学日记，虽然部分结构上也有讲究的手法，但相对而言，朱熹的文章更有刻意加工的艺术痕迹：文章巧妙而灵活地穿插了"排比"和"顶真"的手法，使得文章读起来不仅有节奏感，还利于记忆。所以在诵读方面，可设计两个角色的对读：

甲：余尝谓读书有——

乙：三到，

甲：谓——

乙：心到、眼到、口到。

甲：心不在此，则——

乙：眼不看仔细，

甲：心眼既不专一，却只是漫浪诵读——

乙：决不能记，记——

甲：亦不能久也。

乙：三到之中——

甲：心到最急。

乙：心既到矣，

甲：眼口岂有不到乎？

读到此处，不妨自然地将反问句"眼口岂有不到乎"重复一遍，但句式要变一下：

乙：眼口定到。

曾国藩的论述是典型的总分结构，先提出总的观点，然后再分别阐述。提出观点时所排列的顺序合乎逻辑，层层推进：先有志向，再有见识，最终要坚持。阐述三个要点时的方法也不同：第一点直接告知"有志的好处"——不甘为下流。第二点例证"无识"的可笑与可悲，进而强调"有识"的重要。第三点"有恒"与第一点的句式相似，都用到了"断"，是不容分辩的定性。

这篇内容选自《曾国藩家书·致诸弟》，他旨在告诉弟弟们读书之重要。作为长兄，既要讲明道理，同时也要照顾到弟弟们的理解力和感悟力，所以他举了这样两个生动的例子来阐述不可目光短浅的道理。当然，弟弟们肯定读的是文言故事，不妨让学生也读一读，以满足对于课文"学有余力"的孩子。两个小故事文言原文如下：

秋水时至，百川灌河。泾流之大，两涘渚崖之间，不辩牛马。于是焉河伯欣然自喜，以天下之美为尽在己。顺流而东行，至于北海，东面而视，不见水端。于是焉河伯始旋其面目，望洋向若而叹曰："野语有之曰，'闻道百，以为莫己若'者，我之谓也。"

——《庄子·秋水》

公子牟隐机大息，仰天而笑曰："子独不闻夫坎井之蛙乎？谓东海之鳖曰：'吾乐与！出，跳梁乎井干之上；入，休乎缺甃之崖。赴水则接腋持颐，蹶泥则没足灭跗。还虷蟹与科斗，莫吾能若也。且夫擅一壑之水，而跨跱坎井之乐，此亦至矣。夫子奚不时来入观乎？'东海之鳖左足未入，而右膝已絷矣。于是逡巡而却，告之海曰：'夫千里之远，不足以举其大；千仞之高，不足以极其深。"

——《庄子·秋水》

这并非要增加学生的阅读负担，而是在阅读中学会"告诸往"，长此以往帮助学生形成一种意识，一种阅读的品质，目的在于能"知来者"的创造力、践行力。

3. 告诸往而知来者——生长中的"自在行"

这篇文章作为本单元的首篇，一下子将那几千年的时间浓缩在了这一页纸上。阐述了文明传承所依赖的阅读。孔子着重道义的教诲，朱熹提出具体操作方法的指导，而最后的曾国藩则注重了志向、见识和恒心之间的逻辑思考。这一切都是在"告诸往"，阅读必然指向"知来者"。所以课文后面安排了"联系自己的读书体会，说说课文中的哪些内容对你有启发"。后面安排了冰心的《忆读书》和叶文玲的《我的"长生果"》，也就是对这个话题的呼应。

对五年级学生来说，搜集信息和处理信息的能力培养也非常重要，所以对于三位先贤的资料查询、搜集应该不难，关键在于这样的一些课外信息，如何结合文本特点进行梳理。不妨遵循这样几个原则：①不庞杂——不要直接将"百度"所得信息一股脑堆出来；②有关联——挑选与本文内容相吻合的信息，比如读书，比如智；③要简洁——语言不拖沓。

书，是读不完的，真正的阅读者是不会被淹没的，而且都能读出自己。借用孔子对于水的论述来谈书：夫书者，启子比德焉。遍予而无私，有德；所及者生，有仁；其源深远，句偈皆循其理，有义；浅者流行，深者不测，有智；其求百科之谷不疑，有勇；绵弱而微达，有察；蒙不清以入，鲜洁以出，有善化；包罗万象，有度；其万世必进，有意。是以君子见好书必观焉尔也。让我们带着孩子一起在书海中启航，上下求索。

知无知，恐不及，为学之正道

——《古人谈读书·〈论语〉篇》教学设计

▶▶▶ **教学内容** ⋯⋯⋯⋯⋯⋯⋯⋯⋯⋯⋯⋯⋯⋯⋯⋯⋯⋯⋯⋯⋯⋯⋯⋯⋯⋯⋯

统编版小学语文教材五年级上册第 25 课

《古人谈读书·〈论语〉篇》

知之为知之，不知为不知，是知也。

敏而好学，不耻下问。

默而识之，学而不厌，诲人不倦。

我非生而知之者，好古，敏以求之者也。

学如不及，犹恐失之。

吾尝终日不食，终夜不寝，以思，无益，不如学也。

▶▶▶ **教学目标** ⋯⋯⋯⋯⋯⋯⋯⋯⋯⋯⋯⋯⋯⋯⋯⋯⋯⋯⋯⋯⋯⋯⋯⋯⋯⋯⋯

1. 正确、流利地朗读课文。背诵课文。

2. 借助注释，用自己的话说说课文的大意，了解句与句之间意韵的关联。

3. 联系自己的读书体会，说说你对孔子求学精神的感受。

▶▶▶ **教学重点** ⋯⋯⋯⋯⋯⋯⋯⋯⋯⋯⋯⋯⋯⋯⋯⋯⋯⋯⋯⋯⋯⋯⋯⋯⋯⋯⋯

联系自己的读书体会，说说你对孔子求学精神的感受。

▶▶▶ **教学难点** ⋯⋯⋯⋯⋯⋯⋯⋯⋯⋯⋯⋯⋯⋯⋯⋯⋯⋯⋯⋯⋯⋯⋯⋯⋯⋯⋯

借助注释，用自己的话说说课文的大意，了解句与句之间意韵的关联。

▶▶▶ 教学过程 ···

一、 主题切入

今天我们开启第八单元的学习，这是一个以读书为主题的单元。出示：

旧书不厌百回读，熟读深思子自知。——（宋）苏轼

这句话出自宋代诗人苏轼的《送安敦秀才失解西归》，说说你们的理解。（所有的书哪怕读了百回也不要满足，只要读熟并进行深入的思考，你自然就明白其中的深意）所以本单元的课文都跟读书相关，出示：《古人谈读书》《忆读书》《＊我的"长生果"》

说说通过预习你们对课文的了解。（《古人谈读书》写孔子、朱熹两位古人谈读书；《忆读书》是现代作家冰心谈读书；《＊我的"长生果"》为当代作家叶文玲谈读书）你们发现编排上以什么为序呢？（从古到今）所以，我们今天就从孔子谈读书学起。出示课文内容。

请自主朗读课文，要求：读准字音，读通句子。

二、 初读感知

1. 初步印象。

六句话不是连贯的——这是语录体的文字。都出自同一本书《论语》。简介《论语》。

《论语》，儒家经典之一，以记言为主，是孔子弟子及再传弟子以语录和对话文体的形式记录孔子及其弟子的言行编成的语录文集。全书共20篇492章，较为集中地体现了孔子及儒家学派的思想。

孔子，孔氏，名丘，字仲尼，春秋时期鲁国人，我国古代思想家、政治家、教育家，儒家学派创始人，被尊为万师之表、至尊圣人。

提示：课文中哪些字高频率出现？

之（6次）——典型的文言文用词，所谓之乎者也。说明这内容属于文言文。

知（5次）——（猜）都与知识有关。

学（5次）——和求学相关。将"知"和"学"联系起来思考一下：可能和学习及获得知识相关。

联系单元主题思考：一定能给我们以读书方面的启发。

2. 读准字音。

（1）指名朗读，集体正音。

重点：知——知（zhī）之为知（zhī）之，不知（zhī）为不知（zhī），是知（zhì）也。

识——默而识（zhì）之。

（2）音义结合。

是知（zhì）也——知，智慧的意思，通"智"，所以读 zhì。

默而识（zhì）之——"识"在此处是"记住"的意思，而不是"认识"的意思。另有成语博闻强识，形容知识丰富，记忆力强，所以其中的"识"也读 zhì。

3. 理解注释。

（1）自读注释内容，谈谈与自己理解的同与异。

（2）交流，重点谈三个注释。

①两处"敏"的不同意思：

敏而好学——此处指聪敏。

敏以求之者也——此处指勤勉。

②耻：以……为耻。

不耻下问——不以向地位或身份比自己低下的人请教为耻辱。

③厌：满足。

对比：现代汉语中常见的义项是厌恶、憎恶，如"讨厌"。

学而不厌——学习而不满足。

三、 感知句意

1. 分小组组内轮流朗读，并讨论句子的意思。

2. 交流。

知之为知之，不知为不知，是知也。

知道就是知道，不知道就是不知道，这样才是真正的智慧。

敏而好学，不耻下问。

聪敏又勤学，不以向职位比自己低、学问比自己差的人求学为耻辱。

默而识之，学而不厌，诲人不倦。

默默地记住（所学的知识），学习不觉得满足，教人不知道疲倦。

我非生而知之者，好古，敏以求之者也。

我并不是生下来就有知识的人，而是喜好古代文化，勤奋敏捷去求取知识的人。

学如不及，犹恐失之。

学习（就像追赶什么似的）生怕赶不上，学到了还唯恐会丢失。

吾尝终日不食，终夜不寝，以思，无益，不如学也。

我曾经整天不吃、整夜不睡地去思索，没有进步，还不如去学习。

3. 找找句子与句子之间的关系。

自由交流。

主要提示：

知之为知之，不知为不知，是知也。——客观认识自己。

敏而好学，不耻下问。——善于向别人学习：三人行必有我师。

默而识之，学而不厌，诲人不倦。——孜孜以求，脚踏实地。

我非生而知之者，好古，敏以求之者也。——没有天才，勤勉好学成就天才。

学如不及，犹恐失之。——逆水行舟，温故而知新。

吾尝终日不食，终夜不寝，以思，无益，不如学也。——学与思之间的关系，学而不思则罔，思而不学则殆。

四、 深入感受

1. 了解句子的完整句境。

子曰："由，诲汝知之乎？知之为知之，不知为不知，是知也。"——《论语·为政》

子贡问曰："孔文子何以谓之'文'也?"子曰："敏而好学，不耻下问，是以谓之'文'也。"——《论语·公冶长》

子曰："默而识（zhì）之，学而不厌，诲人不倦，何有于我哉?"——《论语·述而》

子曰："我非生而知之者，好古，敏以求之者也。"——《论语·述而》

子曰："学如不及，犹恐失之。"——《论语·泰伯》

子曰："吾尝终日不食，终夜不寝，以思，无益，不如学也。"——《论语·卫灵公》

2. 了解句子背后的人。

知之为知之，不知为不知，是知也。

子路：仲由，字子路，又字季路，鲁国卞人。"孔门十哲"之一、"二十四孝"之一、"孔门七十二贤"之一，受儒家祭祀。仲由性情刚直，好勇尚武。跟随孔子周游列国，做孔子的侍卫。后做卫国大夫孔悝的蒲邑宰，以政事见称。卫国内乱中丧生。

子贡问曰："孔文子何以谓之'文'也?"子曰："敏而好学，不耻下问，是以谓之'文'也。"

子贡：端木赐，复姓端木，字子贡。儒商鼻祖，春秋末年卫国黎人。孔子的得意门生，儒家杰出代表，"孔门十哲"之一，善于雄辩，且有干济才，办事通达，曾任鲁国、卫国的丞相。还善于经商，是孔子弟子中的首富。

孔文子：名圉（yǔ），是卫国的大夫。聪明好学，又非常谦虚，因而死后卫国国君赐予他"文子"的称号，后人称他为"孔文子"。

听老师讲他们的故事，感受孔子对子路和子贡的教导。

五、以"之"贯之

1. "之"在文言文中犹如一个神奇的变身者，神通广大，看看文中出现的六个"之"分别是指什么？

知之为知之，不知为不知，是知也。——了解（学习）的对象：可能是一个人，一件事，一个知识，一个领域……

默而识之，学而不厌，诲人不倦。——那些默默记下的知识。

我非生而知之者，好古，敏以求之者也。——指世间一切知识和学问。有人认为孔子是天才，什么都知道。

学如不及，犹恐失之。——已经苦苦学到的知识，如果不及时复习巩固和运用，会很快失去它的。

2. 小结："之"在这六句话中分别指不同程度和角度的知识。

六、个性感悟

1. 集体朗读。

2. 指名尝试背诵。

3. 积累提炼出来的成语。

敏而好学　不耻下问　学而不厌　诲人不倦　生而知之　学如不及

4. 对照自己的实际情况做标记：已经做到的打"√"，没有做到的打"×"，准备努力做到的写"!"。

5. 交流自己的标记。

七、拓展作业

1. 背诵原文。

2. 预习朱熹谈读书。思考：朱熹所谈读书与孔子的思想有哪些关联？

心到而读，读之得心

——《古人谈读书·〈朱熹谈读书〉》教学设计

▶▶ **教学内容** ·······································

统编版小学语文教材五年级上册第 25 课

余尝谓：读书有三到，谓心到，眼到，口到。心不在此，则眼不看仔细，心眼既不专一，却只漫浪诵读，决不能记，记亦不能久也。三到之中，心到最急。心既到矣，眼口岂不到乎？

▶▶ **教学目标** ·······································

1. 正确、流利地朗读课文。背诵课文。

2. 借助注释，用自己的话说说课文的大意。

3. 联系朱熹的《观书有感》，体会专心阅读的收获。

4. 联系自己的读书体会，说说朱熹的读书要求对你有什么启发。

▶▶ **教学重点** ·······································

联系朱熹的《观书有感》，体会专心阅读的收获。

▶▶ **教学难点** ·······································

联系自己的读书体会，说说朱熹的读书要求对你有什么启发。

▶▶ **教学过程** ·······································

一、复习导入

1. 上节课我们学习了孔子谈读书，你们还记得他关于学习的那些要

求和体会吗?(指名背诵《论语》相关语句)

2. 子曰:"知之为知之,不知为不知。"请同学们用心来读第二位古人谈读书的内容,说说你的"知"与"不知"吧。

3. 自由练读课文。

二、 初读感知

1. 指名朗读课文,正音、标明句读。

2. 初读一遍内容,你们知道了些什么?

①这位谈读书的古人是宋代的朱熹。②全篇四句话。③主要观点:余尝谓读书有三到,谓心到,眼到,口到。

3. 借助注释,你们还知道了些什么?

(1)谓:说。"余尝谓"中的"谓"是"说"的意思。你们知道文中另一个"谓"的意思吗?(此处应是"叫作""称作"的意思)

(2)漫浪:随意。联系"浪漫"(富有诗意,充满幻想;或指行为放荡,不拘小节)思考两个词之间的关系和区别。

(3)急:要紧,重要。区别于"着急"的"急"。

4. 你们还有哪些不知道的地方?(学生提出自己的疑问)

预设:尝,曾经;岂,怎么(可能)。

三、 感知交流

1. 出示:

朱熹(1130—1200),字元晦,又字仲晦,号晦庵,晚称晦翁,南宋时期理学家、思想家、哲学家、教育家、诗人。

朱熹出生在八百多年前,作为一位教育家,他将教育儿童的思想写进书中,流传下来让后人诵读。今天我们所学的内容在他编写的《童蒙须知》和《训学斋规》中都有出现,读来受益匪浅。那么,他的思想与知识又来自何处?(他是儒家学派的传承人)出示:

孔子（前 551—前 479）

算一算：朱熹与孔子出生相隔多少年？（1130＋551＝1681）他们相距 1681 年，朱熹却成为儒家思想的传承者，靠的是什么？

板书：读书

这就是读书的价值所在，可以传承人类的知识与文明。请同学们再仔细读一读朱熹的《读书有三到》，你能找到他与孔子之间思想的关联吗？

2. 指名朗读，交流。

"默而识之"——读书的目的。读书有三到——读书的方法。

四、 深入体会

1. 你们能根据自己的理解说说全文的意思吗？

参考：我曾经说过，读书要专心一致，必定要三者到位，即心到、眼到、口到。心思不在书本上，那么眼睛就不会仔细看，心和眼既然不专心致志，却只是随随便便地读，就一定不能记住，即使记住了也不能长久。三到之中，心到最重要。心既然已经到了，眼和口难道会不到吗？

2. 请你们对比下面两句话，说说不同的意思。你们认为哪个合理？出示：

余尝谓读书有三到，谓心到，眼到，口到。

余尝谓读书有三到，谓眼到，口到，心到。

（1）这样的排列有什么不同？

第一句"心"在第一位：心里想读书，眼睛看着书，嘴巴读着书。

第二句"眼"在第一位：眼睛看着书，嘴巴念着书，心里想着书。

（2）第一句更合理，因为用心去读书，眼睛自然会认真看，嘴巴自然会认真读。书中的原句是：心既到矣，眼口岂不到乎？（反问句式：岂……乎？）改成陈述句就是：心既到矣，眼口自然到矣。

第二句不合理，因为如果只是眼睛看着，嘴巴里应付地读（小和尚念经——有口无心），那并不能保证心思都到位。书中的原句就是：心不在此，则眼不看仔细，心眼既不专一，却只漫浪诵读，决不能记，记亦不能久也。所以朱熹认为，读书时什么最重要？三到之中，心到最急。

3. 朱熹为了讲明这个道理，可谓一层套一层，层层推进。我们可以尝试在下面句子中加上"因为……所以……"的关联词，明确它们之间的关系。

心不在此，则眼不看仔细，心眼既不专一，却只漫浪诵读，决不能记，记亦不能久也。

交流：（因为）心不在此，（所以）眼不看仔细；（因为）眼不看仔细，（所以）心眼就不专一；（因为）心眼既不专一，（所以）只漫浪诵读；（因为）只漫浪诵读，（所以）决不能记，记亦不能久也。

小结：正是这样的层层推理，才得出了"三到之中，心到最急"的结论，与开头"三到"的排列顺序相呼应。

4. 集体诵读全文。

5. 借助提示，尝试背诵。

余尝谓：读书有（　　　　　），谓（　　　　　）。心不在此，则（　　　　　），心眼既（　　　　　），却只（　　　　　），决不（　　　　　），记亦（　　　　　）。三到之中，（　　　　　）。心既到矣，（　　　　　）？

五、 拓展延伸

1. 正因为同学们读书做到了"三到"，所以才能如此快速地"默而识之"。那么，朱熹本人做得如何呢？读书给他带来了怎样的感受呢？请看他的两首《观书有感》。出示：

《观书有感》其一

半亩方塘一鉴开，
天光云影共徘徊。
问渠那得清如许，
为有源头活水来。

《观书有感》其二

昨夜江边春水生，
蒙冲巨舰一毛轻。
向来枉费推移力，
此日中流自在行。

2. 用心诵读，交流：知与不知。

3. 作业。

（1）背诵《读书有三到》。

（2）查找资料，研究理解《观书有感》。

解析"矛盾"思路　树立"矛盾"观念

——文言版《自相矛盾》文本解读

统编版小学语文教材五年级下册第六单元第1课收录文言寓言故事《自相矛盾》，全文如下。

楚人有鬻盾与矛者，誉之曰："吾盾之坚，物莫能陷也。"又誉其矛曰："吾矛之利，于物无不陷也。"或曰："以子之矛陷子之盾，何如？"其人弗能应也。夫不可陷之盾与无不陷之矛，不可同世而立。

为了有效实现教学行为，对此文本从词语本身、典故源头、语言艺术、单元教学四个角度进行解读，感受不同层面的汉语思维过程。

词语思维解读

首先顺应其形成过程来逐一解读、理解这个词语所需要的思维过程。

"矛"和"盾"原本是古代战争中的常用武器。矛，兵器名，是古代用来刺杀敌人的进攻性武器。长柄，有刃，用以刺敌。盾，兵器名，用于进攻时的防御。文献中也称为"干"，可以掩蔽身体，防卫敌人兵刃矢石的杀伤。

在我国，盾的出现似乎要早于矛，传说远在黄帝时代就有了盾。神话传说中的英雄人物"刑天"就是一手操干，一手持斧，与黄帝争斗的。事实上，古代将士在作战时，通常也是左手持盾以掩蔽身体，防卫敌人兵刃矢石的杀伤，右手持刀、矛或其他兵器击杀敌人，二者配合使用。

如果你所持的盾能抵御一切进攻，而你所握的矛又能攻陷一切防御，你自当是战无不胜、攻无不克的，但战争史上还从未出现过这样的人，正所谓"不可陷之盾与无不陷之矛，不可同世而立"也。

由于"矛"的进攻性与"盾"的防御性形成了对立，故而将这两个原本表示具体事物名称的词语组合在一起，就产生了一个新的可用于描述状态的抽象名词："矛盾"。

矛盾，日常生活中最常用的意义就是二者相遇之后非此即彼的你死我活。矛盾交锋的结果不是盾被矛戳穿，就是矛被盾折损，当然也可能会二者皆有损伤，但绝不会二者继续相安无事、毫无改变地存在。由此推广，但凡事物之间存在着如"矛"和"盾"之间的这种"对立"的关系，都可以用"矛盾"一词来表述。英文"contradiction"（矛盾）中的词根"diciton"是"说话"的意思，词缀"contra –"为"相反"之义，这个词最初的意义便是"说反对的话"，也即从言语的对立层面延伸而来。由此可以看到，随着语言的发展，"矛盾"不再局限于事物、实体，或是一种短暂的兵器或言语的对峙现象，更多的是反映了事物之间相互作用、相互影响的一种特殊的状态。无论在语言层面、思维层面、逻辑层面还是哲学层面，乃至心理学、社会学层面，其都有极为丰富而高深的研究价值，因为"矛盾"无处不在。

矛盾不仅会出现在处于对立的人或事物之间，还会出现在同一人或事物的内部。个体的言行出现前后抵触、不一致的状态，就是所谓的"自相矛盾"了。

这样的词语解构，不是堆砌资料和玩文字游戏，而是认识"自相矛盾"这一词语形成的路径，感受矛盾存在的价值：矛盾的存在促进对立双方在彼此制衡中共同发展。因此，我们的教学不只是让学生们了解这样一个词语解释，背诵那几十个字的定义，而是应该播下矛盾的种子，帮助学生们日后在不同的层面、不同的领域，更好地形成健康的矛盾观。

典故思维解读

要解读《自相矛盾》这个故事必须回到源头，了解其成文的思维过程。它初出于《韩非子·难一》。和中国许多寓言故事一样，它是全篇中的一个小小的枝节，只是韩非为了阐述自己的观点而杜撰的一个小故事。因其寓意广泛而深远，不断被引用、印证而广为流传。

我们先来简单地了解一下《难一》的相关信息：难，读 nàn，是辩难的意思，是一种当时特别流行的言说行为，后来在魏晋时期也特别盛行。春秋战国时期，诸子百家为了让人们接受自己的观点，不仅要表明自己的观点与立场，还常常需要针对其他不同观点与立场进行反驳，所谓真理越辩越明。"喜刑名法术之学"的韩非是韩国的贵族，后世称他为韩非子。他和李斯都是荀子的弟子，后将商鞅的"法"、申不害的"术"和慎到的"势"集于一身，成为法家学派代表人物。同时他还将老子的辩证法、朴素唯物主义与法融为一体，可谓博采众长，是我国古代重要的思想家、哲学家和散文家。韩非子的学说一直是中国封建统治阶级尤其是当时的秦国统治者执政的理论基础，其文章出众，为后世留下了大量名言名著。许多中国人未必对其本人有多少了解，但日常生活中都会时不时地运用他的思想，引用他的典故。其名篇《难一》全篇相当于现在的驳论文，也有点像辩论赛上的发言，共有九章，每章都是先列出被"难"方的言论与相关事实，然后他一一驳斥，亮出自己的观点。书中被驳斥最多的莫过于儒家学说，以两个关于行赏的小故事为例。仲尼听说晋文公与楚人战前问策战后行赏的事后，曰："文公之霸也，宜哉！既知一时之权，又知万世之利。"襄子于晋阳中出围之后，对有功者行赏，以高赫为赏首。仲尼闻之曰："善赏哉！襄子赏一人而天下为人臣者莫敢失礼矣。"而韩非就分别列出一番批驳之词，认定"仲尼不知善赏也"。另外对管仲的"度"、对齐桓公的"仁义"等，他都要给出与儒家不同甚至截然相反的论断。

《自相矛盾》这个故事是为了反驳儒家称颂尧、舜为圣人而言的，更具体一点就是《舜耕历山》这一典故中尧、舜形象的塑造。"舜耕历山"的历史传说始见于《墨子·尚贤中》："古者舜耕历山，陶河濒，渔雷泽。"其后在诸子百家著述中，舜耕历山的传说多有转述。《史记·五帝本纪》也有记载，其他文献则更是多如牛毛，其中大多直接记载了舜之行为及其取得的效果，流传较为广泛的版本如下。

舜耕历山，历山之人皆让畔；渔雷泽，雷泽上人皆让居；陶河滨，河滨器皆不苦窳。一年而所居成聚，二年成邑，三年成都。尧乃赐舜絺衣，与琴，为筑仓廪，予牛羊。

但《难一》中的记载，还叙述了舜耕历山的原因（加点部分）：

历山之农者侵畔，舜往耕焉，期年，甽亩正。河滨之渔者争坻，舜往渔焉，期年而让长。东夷之陶者器苦窳，舜往陶焉，期年而器牢。仲尼叹曰："耕、渔与陶，非舜官也，而舜往为之者，所以救败也。舜其信仁乎！乃躬藉处苦而民从之。故曰：圣人之德化乎！"

韩非由此得出"贤舜，则去尧之明察；圣尧，则去舜之德化：不可两得也"的结论，继而举出了这个流传后世的《自相矛盾》的寓言作进一步阐述。我们且不去辨析儒家、法家的观点本身，仅就韩非的谋篇布局而言，《自相矛盾》在此的作用就是为了表明"今尧、舜之不可两誉，矛盾之说也"。

这种言说方式不仅在当时很流行，即便放在当下，也是写作中极为常用的手法。只不过我们现在因为有了这样的典故铺垫，面对一些客观现象时，仅需一个"自相矛盾"的成语就可以概括，大多数中国人都能读懂这四字"密码"背后的所有意蕴。仔细品味这样的创作，就可以感受到汉语中成语、寓言形成、流传和运用的脉络，感受这些汉语典籍的价值所在。

言语思维解读

知道了来龙去脉，该就其本身进行解读了，感受文本中言语的思维过程。

所选文章全篇 71 个字，其实故事本身只有 53 个字，将故事的起因、发展（高潮）和结局交代得清清楚楚，人物的言谈举止、对话理念描写得栩栩如生。

人物：鬻盾与矛者、或（隐含围观者）。

时间："楚人"之说可推至春秋战国时期。

地点："楚人"姑且定为"楚地"。

起因：楚人鬻盾与矛。

经过：叫卖与责问。

结果：鬻者"弗能应"。

统编教材所选文本为原著节选，没有作任何改编增删。后有不同版本的文章，有的在"其人弗能应也"后面加上"众皆笑之"，显然是为了渲染故事的效果而想当然地加了这样一个结尾。而添加的这一句不只在语调上显得肤浅，还大大地破坏了原作者的节奏和意图。原文中楚人叫卖，他人责问，其人"弗能应"可谓一气呵成，这"弗能应"恰恰是将读者引向了对思维方式的思考，进而体会思维过程，自然得出"夫不可陷之盾与无不陷之矛，不可同世而立"的结论。其间来一句"众皆笑之"则一下子冲散了主题，作者旨在呈现"自相矛盾"的现状思考，而非鬻者之窘态。就思辨过程来说，言语的针对性、准确性远远超乎观点本身的胜利，这也正是就尧舜之评价来说韩非之论并不完善，而这则寓言却广泛流传的原因所在。

文章奇妙之处还在于整个故事的发展几乎都由对话来支撑。

正如战场上的士兵既要进攻也要防御一样，卖兵器的人常常也是既要卖进攻的武器也要卖防御的武器，可谓集"矛盾"于一身的典型体现。这为"自相矛盾"的出现奠定了可能。

第一句是为了卖盾，"誉"即赞美、夸赞，也即"美其名曰"，对于盾的赞美之词，莫过于"坚"，为了强调其"坚"，鬻者将话说到了极致：

"物莫能陷也"——任何东西都不能戳穿它。"物"即涵盖了一切物，当然下文中的"矛"亦在其中。

第二句是为了卖矛，而对于矛的赞美之词，莫过于"利"，为了强调其"利"，鬻者继续之前的作风，将话说到了极致："于物无不陷也"——对付任何东西没有戳不穿的。与前面不同的是此处用了双重否定的"无不陷"，更进一步加强了肯定的语调。"物"即涵盖了一切物，当然上文中的"盾"亦在其中。

但凡叫卖者都会尽其所能来赞美所卖之物，而同一鬻者前后叫卖句式相同，内容上却是针锋相对："盾之坚"对"矛之利"；"盾"的"莫能陷"对"矛"的"无不陷"。典型的句式即"吾盾之坚"与"吾矛之利"。按常规句式，"坚"作为"盾"的修饰词，应该放在"盾"之前，也即"吾之坚盾"，但若以此读出来，立刻发现这样的句式显然毫无吸引力。而朗声来读"吾盾之坚"，重点信息（重音）自然为"坚"，将听众的注意力都聚焦到了"坚"字上来，这就是"之"在句中的重要作用。"吾矛之利"同理。至此，一切都是常态下的发展，而为了补充说明自己盾与矛的"坚"与"利"，他想当然地开始过誉——"物莫能陷也"和"于物无不陷也"，殊不知却为自己挖下了一个填不了的坑，也给后来的责问发难提供了有力的依据。

故事的高潮则在于"或曰"。韩非的一切铺垫都是为了此处的有力一击："以子之矛，陷子之盾。"这种"请君入瓮"式的思辨过程堪称奇妙，而后来诸如"以其人之道还治其人之身"之类的思辨模式从中受益也是自然的。此句妙即妙在"或"敏锐地发现了鬻者口中之"物"（矛、盾）的矛盾。"或"即"有人"，是谁不重要，也不必留下名姓，你可以想象其为欲购盾与矛者、为围观者、为好事者、为智者。那"何如"二字，你可以善良地想象成持疑者的迷惑，可以讥讽地想象成围观者的责难，也可以会心地想象成智者的点拨。当然综观《难一》，你就会发现这"或"就是韩非，他借"或"问鬻者则为表示自己问儒家"舜耕历山"

之现象究竟是"舜之救败也",还是"尧有失也"?

故事的结局:其人弗能应也——当然是韩非所假想的树尧舜为圣贤的儒家"弗能应也"。面对纠结于"或曰"之问纷乱之中的鬻者,大获全胜的韩非俨然真理在握:夫不可陷之盾与无不陷之矛,不可同世而立。

据说韩非有口吃之疾,这只能影响到他与人当时当面的交流,并不影响他的思维之敏捷与严谨,他高超的著书立说之能,让我们得以欣赏到如此精妙之言说。

单元思维解读

作为教材的文本解读,必须对其置身教材单元的编写意图及作为第三学段的语文教学目标的指向性进行解读。五年级下册的第六单元主题语:思维的火花跨越时空,照亮昨天、今天和明天。以上的解读是为了穿越时空寻觅火花之源头,而结合当今时代的特质所进行的教学设计又必须是指向未来发展的。本单元提出了"了解人物的思维过程,加深对课文内容的理解"及"根据情境编故事,把事情发展变化的过程写具体"的单元学习目标。本单元一共三篇课文,皆与思维训练相关。第一篇即文言版的《自相矛盾》,是一则呈现逻辑思维现象的寓言小故事;《田忌赛马》是中国历史上有名的谋略故事,所谓"上兵伐谋",重点在于理解孙膑在赛马过程中的部署谋略;《跳水》是俄国作家列夫·托尔斯泰的作品,重点在于表现危急时刻的当机立断。鉴于这样的单元编写组合及小学文言教学,笔者认为侧重于言语的思辨训练的《自相矛盾》可从以下几个方面去落实学习目标。

1. 字词训练

从朗读的层面来讲,本课相对难认的字也就一个"鬻"字,借助工具了解其音与义并不难。"鬻"这个字可查询的资料并不多,没有太多对其本义的追溯说明,对于其"卖"的义项也没有太多的阐述。当然如果对研究汉字比较感兴趣,它确实是个可以激发各种戏说的汉字。比如上面的"粥"和下面的"鬲"二者的组合，比如在中国大陆与台湾地区、中国香港甚至日本等不同地区和国家的不同书写，等等。另外需要强调的也就是"夫"这个字的读音了。现代汉语中多读 fū，而在文言文中，一般情况下若放在句首表示要发表议论时，读 fú。至于字词意思的理解，如果涉及学生知识经验无法触及的内容且不影响整体理解感受的，可暂且搁置。除了借助书中注释来理解之外，像"誉""弗""立"这些词语可以采用由字扩词，再借助上下文来进行排除、猜测等方法进行理解，引导学生逐步掌握汉语的基本规律。而"其""之""也"等文言典型用词，则是激发学生学习文言文兴趣的切入点。本文中的"其"具有明确的指代性质，很好理解。三处"也"的用法也是相同的：表示明确的判断。而"之"则有三种不同的作用："誉之曰"中的"之"为代词，代指所誉的盾；"盾之坚""矛之利"中的"之"用于主谓结构之间，取消了它的独立性，使其中心偏向主语特性；"以子之矛""陷子之盾"中的"之"则介于定语与中心词之间，相当于"的"。教学中如何将如此专业的汉语特质巧妙而有趣味地传输给小学生，则是教学艺术之体现了。

2. 句式训练

"盾之坚""矛之利"是一种典型的突出事物特点的文言句式："（物）之（性）"，借助"之"将定语后置，目的在于引出下文对其特质的阐述。这样的句式在现代文写作中也是极具特色的。比如：猎豹之速度，是一般动物所不能及的；中国之大，不亲自领略一下是不足以想象得出的……对这样的语言结构变化的体味，只有教者刻意地引导训练，学生才能感受到。至于文言特有的相同结构句式所带来的节奏美感，则可以通过反复的诵读，帮助学生从声音中去真切地体会。

3. 思维训练

这是单元的重要语文要素训练，也是本篇课文教学的趣味所在。根据故事情节的发展，我们寻找一下阅读过程中思维训练的停留点。①单一而显性的思维体现莫过于鬻者的叫卖："吾盾之坚，物莫能陷也。"就是要告诉人们，他的盾是世界上最棒的！"吾矛之利，于物无不陷也。"就是要告诉人们，他的矛是世界上最棒的！所以这里的思维过程可以通过模仿叫卖来体现，突出"坚"与"利"。②非难反驳的思维体现则全在于"或曰"的话中："以子之矛，陷子之盾，何如？"在提出这样的问题之前，提问者肯定已经将鬻者的叫卖内容进行了比照研究，并按科学的逻辑思维进行了一番演绎，一来准确地发现鬻者的思维漏洞，二来呈现自己的思维过程，明确指向。③被要求应答的鬻者思维体现在尴尬上："弗能应。"他自然也会重复一下那责问人的思维，陷入了自己所锁定的局中："夫不可陷之盾与无不陷之矛，不可同世而立。"这相对单一的三步各有思维过程，同时又是层层递进的：叫卖时的思维是单一的，而责问者的思维建立在叫卖内容上，鬻者又继而在责问者的引导下进行思维，作者在此基础上得出结论。所以我们在训练思维时，不只是要通过对人物的动作言语进行想象和推理，更应该指导学生学会追寻思索的过程，感受逻辑关系，初步形成语言表达过程中的逻辑思维意识。这一语文素养，对于阅读理解、口语交际及文章创作都是非常重要的。

"思维的火花跨越时空，照亮昨天、今天和明天"——对于"自相矛盾"的层层分析，就是为了激化"矛盾"在学生心目中所引起的冲突：以子之矛，陷子之盾！故事于此高潮处戛然而止，一石激起千层浪：鬻盾与矛者为何"弗能应也"？人物的所有思维过程全然没有呈现，这样的空白，正是对学生进行思维训练的契机。正因为有"盾"的存在，"矛"才会力求其"利"；正因为有"矛"的存在，"盾"才会力求其"坚"。彼此相互制约，相互促进，才有了人类不断的进步与发展。所以，教学的最佳效果就是让"矛盾"无限升级，课堂永无结束。因此本课的教学绝不能只停留在读懂这个故事、理解词句的层面，而应该指向更为丰富的现实和未来。按此思维观察身边的人和事，是极为可行的思维认知能力的升级，而引导学生发现"矛盾"存在的价值，才能将本次阅读与教学引向无限。

游走在"矛""盾"之间的思维训练
——文言版《自相矛盾》教学设计

▶▶▶ **教学内容** ···

统编版小学语文教材五年级下册第 15 课

自相矛盾

楚人有鬻盾与矛者，誉之曰："吾盾之坚，物莫能陷也。"又誉其矛曰："吾矛之利，于物无不陷也。"或曰："以子之矛陷子之盾，何如?"其人弗能应也。夫不可陷之盾与无不陷之矛，不可同世而立。

▶▶▶ **教学目标** ···

1. 正确、流利地朗读课文，背诵课文。

2. 借助注释和上下文理解鬻、陷、或、夫、誉、弗及立等词语的意思。

3. 通过阅读感悟，体会"之""其"两个典型的文言词语的运用。

4. 感受责问者的思辨过程，分析"其人弗能应也"的原因。

5. 通过对寓意的理解，初步形成健康的矛盾观。

▶▶▶ **教学重、 难点** ···

1. 通过阅读感悟，体会"之""其"两个典型的文言词语的运用。

2. 感受责问者的思辨过程，分析"其人弗能应也"的原因。

▶▶▶ **教学时间** ···

两课时。

第一课时

课时目标

1. 正确、流利地朗读课文。

2. 理解课文，体会"之""其"两个典型的文言词语的运用。

3. 感受责问者的思辨过程，分析"其人弗能应也"的原因。

教学过程

谈话揭题：

各位同学，你读过哪些文言作品？（学生自由交流）

今天我们来学习一篇文言寓言故事——《自相矛盾》（板书课题）

一、 初读课文， 经验链接

1. 对于这个故事，你们有多少了解？（学生自由发挥：理解词语、白话讲述故事、现象举例等）

过渡：看来"自相矛盾"这个成语大家并不陌生，而它最初的记载是怎样的呢？先试着读一读。

2. 指名尝试朗读课文，结合指正字音。重点强调：鬻（yù）、夫（fú）。

3. 请大家再自由朗读课文，借助书中的注释了解相关信息，谈谈自己的收获。

交流要点：

（1）字音变化："夫"日常读 fū，而在文言中用在句首，表示将发议论时读 fú。

（2）字形感悟："矛"和"盾"原本是古代战争中常用的进攻和防御武器。哪位同学对古代兵器有研究？可介绍一下。

"吾"——𠮷，从五从口，文中当"我"讲。对于其本义有多解。有认定"五"位居九个数字之中，有"自我为中心"之义。也有认为"五"交错的造型，可能是远古巫术符号，含有"禁止"的意思，所以推断出"吾"是对自我言语的一种约束，一种限制，由此引申为对自我的内省。如：吾日三省吾身。

"鬻"——这下面的"鬲"作为中国古代煮饭用的一种炊器，念作lì，有陶制鬲和青铜鬲。上面加"粥"组成"鬻"就成了"卖"的意思，至今没有可靠的资料对这种字意变迁的原因给予说明，大家不妨发挥自己的想象，解说一下这明明是"锅上煮了粥"的字，为何就演变出"卖"的意思来了？（学生自由想象）

（3）字义理解交流：注释中的说明有哪些出乎你的思考？（学生自由交流）

4. 集体朗读课文。

▶▶▶ 设计理念 ···

《自相矛盾》这个故事对于五年级学生来说并不陌生，已有经验的回顾不仅利于文本的进入，更有助于对文本的理解。初步感知的过程，借助故事的复述、书中的注释、字的音形义的自主参与学习这样几个环节，充分给予学生发挥的自由空间，自然进入文言文的学习氛围。

二、 再读课文， 要素概述

1. 这是一则寓言故事，谁用一句话概括一下？

（有个卖盾和矛的人，叫卖时自己的话自相矛盾，被人问得无法回答）

2. 作为一个故事，其基本的要素是时间、地点和人物，你能认真阅读原文，从中找到答案吗？

3. 交流。

（1）时间：春秋战国时期——依据：楚。

（2）地点：楚国——依据：楚。

小结：一个"楚"字，为我们提供了两个信息依据，这就是文言的高信息量的体现。

（3）人物：楚人（鬻盾与矛者）或有人、有个人。

分析：在文中指向这个主人公"楚人"的词语有几个？

吾：这是文言中对自己的一种称呼，相当于第一人称"我"。你还知道有哪些这样的自称？（余、予、在下……）

其：他人描述中的第三人称，相当于"他"。

子：对他人的一种礼貌用语，表示尊敬的对称，相当于第二人称"你"。你还知道哪些文言中的第二人称词？（尔、汝……）

4. 分清了故事中的角色，我们来一次分角色朗读。

点评要点：角色感、对话感。（叫卖与责问的语气）

▶▶▶ 设计理念 ···

立足于故事的阅读，从基本要求即时间、地点和人物入手，自然而顺畅，而借助于人物进行了文言中极具特点的三种人称代词的运用理解，既帮助学生厘清了人物之间的关系，又掌握了文言中人称的基本常识。随机的延伸拓展了学生的知识面，有了真正的"角色"感。

三、 三读课文， 程式分析

1. 如此短小的篇幅竟那样精彩。请仔细阅读课文，进一步提炼出故事的起因、经过和结果三要素。

2. 交流。

起因：鬻盾与矛。

经过（发展）：对话（鬻者誉——或问）。

结果：其人（鬻者）弗能应也。

4. 小结：这个故事最为详细的经过几乎都是由对话来完成的，所以读好两人的对话是关键所在。

进一步进入了故事情节三要素。五年级的学生很轻松地直击要点。而这个环节的设计特点在于对原文（文言）的准确表述，借助之前白话文复述故事的基础，在此更注重文言表述的指导，没有陌生感的文言训练水到渠成。

四、 精读课文， 细品文言

1. 出示鬻者的描写。

誉之曰："吾盾之坚，物莫能陷也。"又誉其矛曰："吾矛之利，于物无不陷也。"

2. 理解。

（1）"誉"：请你用"誉"组词（荣誉、信誉、赞誉……）。请你根据上下文的情节从这些词语中挑一个能解释此处"誉"的意思的词。（赞誉）说说自己思考的过程。进一步得出"誉"的含义：赞美，夸赞。

（2）"誉"什么？"誉之曰"中的"之"是什么？（"之"代指"盾"）那么，假如这人卖的是瓜，"誉之曰"的"之"则是——（瓜）；卖的是花，"誉之曰"的"之"则是——（花）；卖的是鱼，"誉之曰"的"之"则是——（鱼）……

文中的"楚人"所誉何物？（板书：盾　矛）

（3）如何"誉"？叫卖中，他强调了盾和矛的什么特点？

板书：盾：坚　矛：利

指名学生读出。

在板书上添加"之"：盾之坚　矛之利

体会：这样的说法和直接说"坚盾""利矛"有什么不同？用一个"之"将事物的特点强调出来，目的就是为后面的补充说明提供一个关键词。

吾盾之坚，"坚"到什么程度？——物莫能陷也。（理解句意）

吾矛之利,"利"到什么程度?——于物无不陷也。(理解句意)

你能模仿这样的结构来突出某个事物的特点吗?

牡丹之艳,百花莫能比也。

豹之速,百兽莫能及也。

天之蓝,碧如汪洋大海也。

…… ……

小结:这样的一个句式归功于那个"之",它在此处谈不上什么实在的意思,却有着这样一个特殊的功能。真是奇妙之极!那么,我们再来看看责问者话中的"之"又是什么意思呢?

3. 出示。

或曰:"以子之矛,陷子之盾,何如?"

4. 理解。

(1)之:的。

子之矛:你的矛。子之盾:你的盾。子之笔:你的笔。子之书:你的书……

(2)何如:如何?怎么样?

5. 分析:如何?有几种结局?

两种:要么矛戳穿了盾,要么矛无法戳穿盾。不同的结局说明什么?

矛无法戳穿盾,说明"盾之坚";矛戳穿盾,说明"矛之利"。

这不正是鬻者所说的吗?他为何"弗能应也"?

两者都是他的,如果证明了他的"盾之坚",那么就说明他的"矛之利"是假的;如果证明了他的"矛之利",那么就说明他的"盾之坚"是假的。这就是所谓的——自相矛盾。

▶▶▶ 设计理念

课程标准针对五年级学生提出了"能联系上下文和自己的积累,推想课文中有关词句的意思",设计中对"誉"的理解充分体现了这一点。接着紧扣故事高潮部分,围绕一个"誉"字剖析"言语":为什么"誉"——

夸耀心理铺垫;"誉"什么——对物质的关注;如何"誉"——言语技能,句式训练加强了对"之"的特殊作用的体会;"誉"之结果——思维过程的体会,思辨能力的训练,始终没有离开"文言",又始终是在运用一些"小"技巧。

五、 寓意延伸, 思维分析

1. 朗读文后评价,出示:夫不可陷之盾与无不陷之矛,不可同世而立。

2. 用自己的话说说这句话的意思。

不可刺穿的盾和无所不能刺穿的矛,是不可能同时存在的。

3. 说说你读完这则寓言故事的收获。(学生自由表达)

要点:言语方式,逻辑思考,故事寓意……

4. 请深入阅读课文,你能从人物的言行中分析一下他们的思维过程吗?

（1）叫卖思维:当一个人要兜售自己的商品时,思维方式是什么?

（2）责问思维:你认为这个"或曰"的目的是什么?（疑惑、讽刺、提醒……）

（3）应答思维:其人"弗能应"时,又是如何思考的呢?

5. 小结:矛盾的现象无处不在,这个故事中的楚人尴尬的原因就在于这"矛盾"是他自己一手造成的。也许你认为这人是真不够聪明才如此,那么生活中有没有这样的现象存在呢?请你留心生活中的人与事,记录下来,我们下节课来讨论。

▶▶▶ 设计理念 ····················

　　在对文本有了通透的解读之后,一定要在交流和讨论中敢于提出看法,做出自己的判断。这个环节的设计从程式上看不出太多的内容,但在实际课堂教学中,是对前面教学环节的一个综合性检测,可以从学生反馈的丰富性上来感受故事本身、教学本身对于学生思维的刺激与训练。

六、 布置作业， 课后探究

"矛盾"是一种极为有趣的现象，值得我们好好研究，请大家课后完成两个作业。

1. 熟读本课，背诵课文。

2. 按照"矛"与"盾"的对立关系，写出下列进攻武器所对应的防御武器。

矛对盾

箭对（　　　　　）　　　　　子弹对（　　　　　）

鱼雷对（　　　　　）　　　　　导弹对（　　　　　）

▶▶▶ 设计理念 ┄┄┄┄┄┄┄┄┄┄┄┄┄┄┄┄┄┄┄┄┄┄┄┄

文本的阅读与理解，不仅仅是为了"阅读与理解"，更多的是为了激发与运用。由"矛""盾"构成的这种对立关系，就战争这一主题在不断地升级，然而贯穿其中的思维模式是不变的：尖锐的进攻促进有效的防御，高能的防御促进尖端的进攻……借助这样一个"变"与"不变"的主题，激发学生学习的兴趣，进一步深入对"矛盾"的探究。

第二课时

课时目标

1. 背诵课文，进行简单的文言句式训练。

2. 拓展思维训练，初步形成健康的矛盾观。

教学过程

一、 文本回顾， 趣味背诵

1. 我们来回顾一下学过的故事。（形式：指名单独背诵、小组接龙背

诵、角色表演背诵）

2. 针对评价。（要点：字音、句读、情感）

二、 作业交流， 思维辨析

1. 请将你搜集的资料与大家交流。

2. 交流。

（1）要点。（允许学生说出自己搜集到的更多对应）

矛对盾　箭对（盾或甲）　子弹对（防弹衣）　鱼雷对（声纳）

导弹对（雷达）……

（2）简述各组对应的进攻与防御的基本原理。

3. 小结：你们从武器的发展变化过程中感受到了什么？

（进攻与防御是互相对立同时又互相促进的）

▶▶▶ 设计理念

以不同形式的背诵来回顾课文，目的在于不断激发他们的文言语感。而关于"武器"的资料作业回顾，不只是一个答案的填写，借此要求学生将自己搜集的信息与大家作简单的交流，完成一个与文本、资料的对话过程，更利于书面表达的思维梳理。

三、 仿写练习， 自主体悟

1. 仿写指导。

时代在不断发展，武器也随之更加先进，但不变的是进攻与防御之间的关系。如果叫卖人的思维模式仍然不变，就只能是换一种兵器的笑话而已，你能学着模仿一个吗？

2. 尝试叫卖："箭"与"甲"。

楚人有鬻（　　　）与（　　　）者，誉之曰："吾（　　　）之坚，物莫能陷也。"又誉其（　　　）曰："吾（　　　）之利，于物无不陷也。"或曰："以子之（　　　），陷子之（　　　），何如?"其人弗能应也。夫不可陷之（　　　　）与无不陷之（　　　　），不可同世而立。

3. 指导：因为"箭""甲"与"矛""盾"都属于同一时代的产物，而且进攻和防御的方式大抵相同，所以模仿起来就显得轻松许多。而现代武器的进攻与防御方式同冷兵器有所不同，所以仿写时是要调整的。你能选其中的一组来一次仿写吗？

4. 学生练习。

5. 交流朗读。

▶▶▶ 设计理念

文言句式有相对的模式，设计一个由易到难的仿写过程，不仅在语言上有所训练，更是让学生明白了"矛盾"无处不在，利于后面视野的再拓展。

四、 关注现象， 提升价值

1. 同学们根据自己对现代武器的了解，都写出了现代版的《自相矛盾》，虽然读这个故事时大家都觉得主人公愚不可及，但请你仔细思考一下：生活中有这样的现象存在吗？

（学生自由交流观察到的人与事：俗话"又想马儿跑（牛耕地），又想马儿不吃草"；又想优异的成绩又不想刻苦学习；自己秃发却推销"生发灵"……）

2. 你们如何看待"矛盾"这种现象？

（要点：①它无处不在，对立面永远是相对的；②化解矛盾的同时也在创设矛盾）

3. 由"武器"中存在的"矛盾"现象研究启发你们准备再以什么为主题来研究一下"矛盾"现象？

（学生自由交流）

五、 总结全篇， 无限延伸

同学们，无处不在的矛盾现象呈现的事物和方式可谓千差万别，但蕴含在其中的道理是永恒的，所以我们不仅不能避开它的存在，更应该积极地去利用它存在的规律，不断地探寻和研究，让它像宇宙一样延伸至无限……

▶▶▶ 设计理念 ···

由武器到日常，由特殊到普遍，在语言训练形式承载下的思维训练不断升级。让学生由对矛盾现象的观察逐步进入分析，再到对矛盾价值进行研究与探寻，实现课堂开启一扇门的理想。

《世说》里的“童话”

——兼谈《杨氏之子》文本解读

　　作为一种文学体裁的“童话”(fairy tale) 是舶来品，普遍认为“fairy tale”一词最先是由法国作家 d'Aulnoy 女士提出的，逐步被界定为“儿童文学的一种体裁，通过丰富的想象、幻想和夸张来编写的适合于儿童欣赏的故事”。随着童话的作品日益丰富，其含义也有了更多面的诠释，可以是一种故事，可以是一种形容，甚至可以是一种态度。如果将童话的定义展开，中国的“童话”由来已久，诸如《庄子》《列子》及儒家等典籍中不乏童话作品。

　　被鲁迅称为“记言则玄远冷俊，记行则高简瑰奇，下至缪惑，亦资一笑”的《世说新语》中，即有大量的儿童故事。鲁迅对魏晋之“弥以标格语言相尚，惟吐属则流于玄虚，举止则故为疏放”的原因分析认为：“盖其时释教广被，颇扬脱俗之风，而老庄之说亦大盛，其因佛而崇老为反动，而厌离于世间则一致，相拒而实相扇，终乃汗漫而为清谈。”我认为，这也是其更关注人性本身，更崇尚童心的一个重要原因。“言语”是《世说新语》的第二章，有大量的儿童言语应对故事，大体有这样几个特点。

简而不单

　　文言笔记的风格就是简短而明快，故事往往只录其精彩的言语，前因后果简单交代。比如有"咏絮之才"美名的谢道韫当时的表现是这样的：

谢太傅寒雪日内集，与儿女讲论文义。俄而雪骤，公欣然曰："白雪纷纷何所似？"兄子胡儿曰："撒盐空中差可拟。"兄女曰："未若柳絮因风起。"公大笑乐。即公大兄无奕女，左将军王凝之妻也。

"未若柳絮因风起"不仅写出了漫天飘雪的色与形，柳絮与飞雪更有意境上的相通与相融之处。加之前面胡儿以"盐"相喻的映衬，更显示出了谢道韫的观察与想象能力。值得人赞赏和品味的句子往往就是这样"简而不单"，"简"在其表达的形式，"不单"在其意蕴的丰富。

《杨氏之子》中孔君平指着桌上招待他的杨梅对杨氏子所言"此是君家果"，看似简单的一句，其实不然。这招待客人的杨梅确实出自"君家"——杨家，若就这个层面来讲，此句实在是一句毫无价值的"大实话"。孔君平的意思当然不会如此简单，因为桌上所设果品肯定并非此一种，孔君平独指杨梅，当然是有"不单"之意。杨氏子的聪惠就体现在立刻读出了这"简而不单"的含义：杨梅姓杨，君家亦姓杨，自然是一家。

文中说九岁的杨氏子"甚聪惠"，"惠"常被直接解释为"同'慧'"，"聪惠"也常常直接被转释为"聪慧"。那么为何不直接写成"聪慧"？"惠"与"慧"究竟有没有区别呢？答案是有的。"惠"者，《说文》中解释："惠，仁也。"这实在是未及"惠"之本质。南唐文字训诂学家徐锴认为"为惠者，心专也"。他认为"惠"字上部为"专"，下部为"心"，可见"专心为惠"。而"慧"，上部的"彗"甲骨文为
，上面像扫帚的形状，下面有相应的"灰尘"，极为形象地表明了这是个清理垃圾的工具。"扫帚"有扫除灰尘之意，"彗星"也称"扫帚星"的由来即是如此。可见"慧"者扫除了蒙蔽于心灵上的"灰尘"，使心灵敞亮起来。这番对比可见同样是表示"心智"，同样是表示聪明，"惠"是专心思考所显示的聪明，而"慧"是用心体悟所显示的聪明。前者往往是从中所

《世说》里的「童话」

得之"识"，后者往往是从中所得之"道"。当然"识"与"道"本身又是相通的，渐渐交叉难以分别，日渐同意并行。可见此处的杨氏子"聪惠"更合适。杨氏子"专心"倾听孔君平之语，"专心"分析孔君平之意，并瞬间理解了其言语的"简而不单"。

形而有象

将不同的意象通过想象加以关联，使得思维灵活而知识成"片"，是儿童想象力丰富的具体体现。谢道韫"雪""絮"的联想是对身边事物仔细观察所得，充满意趣；而徐孺子的想象则"无理"得充满情趣。

徐孺子年九岁，尝月下戏，人语之曰："若令月中无物，当极明邪？"徐曰："不然。譬如人眼中有瞳子，无此必不明。"

这种今天看来毫无"科学道理"可言的"荒谬"解说，正体现了童话色彩。千年来月中阴影被诠释为各种浪漫事物，表现出了人类初期的童话情结。而徐孺子则另辟出了一条童话"视角"，以日常所见的人的眼睛来推断出月中之物正如"目中瞳子"。这种为了印证自己的推断而举出的实例让自己的言语"形而有象"。此类儿童思维还表现在晋明帝年幼时关于"日"与"长安"孰近孰远的推断上。"日远"和"日近"这两个截然相反的推断，居然被他讲得头头是道。

杨氏子也是这样生发形象思维的高手。他由孔君平的"杨梅"与"杨氏"的关系立刻联想到了"孔雀"与"孔氏"之间的关系。这其实可以成为儿童的一种思维训练，随便挑出一个姓来做出这样的形象关联，学生们是非常乐于玩这种游戏的，特别是在同学之间，可以打趣。

礼而不让

礼节礼节，中国古代更讲究符合礼道从而对自己有所节制。这一点在儒家理念里绝对是要"从娃娃"抓起的。待客之道是极显家教和学问的。一般待客当然是以家长为主，一旦家长不在，常由其兄弟或其子代为接待。这种情况在《世说新语》中多有记载。《世说新语》中代父待客的少年一个个精灵智慧。

陈太丘与友期行，期日中。过中不至，太丘舍去，去后乃至。元方时年七岁，门外戏。客问元方："尊君在不？"答曰："待君久不至，已去。"友人便怒曰："非人哉！与人期行，相委而去。"元方曰："君与家君期日中。日中不至，则是无信；对子骂父，则是无礼。"友人惭，下车引之。元方入门不顾。

陈元方代父接待迟到的客人，本是符合礼数的行为，可当那客人出言不逊之时，同样出于维护礼数的需要，他就更当仁不让了：你简直就是个"无礼之徒"，并列出细节依据：一、有约而不守，实在是无信；二、对着别人的儿子辱骂其父亲，实在是无礼。最重要的还以行动表示决绝：即便那客人已经羞愧，想示好，元方也毅然入门不顾。可谓应答出于礼数，不让亦出于礼数。

杨氏子也是在孔君平来访而"父不在"的情况下出来接待客人的。显然，这个少年平日里肯定也具备了诸多礼仪素养，深知待客之道，"出迎""设果""叙谈"一样都没落下。可能这孔君平与杨家素有来往，所以对杨氏之聪惠早有了解，抑或只是素闻杨氏子有聪惠之名，特意试之，故出了这样一道现场考题——"此是君家果"。而杨氏子的聪惠不仅表现在听出戏谑之意，还迅速应声，反应敏捷："未闻孔雀是夫子家禽"。此句实为有"礼"：尊称对方"夫子"，"未闻"当是类似"寡闻"的谦辞，也上承孔君平之语的推断之意。而此句又无"让"意：也许杨氏子知道孔君平就是在故意考考自己，也许只是出于对自家姓氏的守卫，拿人姓名取笑是不太礼貌之举，当然关系亲密的调侃另当别论。无论是思维模式还是礼仪使然，都"以其人之道还治其人之身"，也以夫子姓氏为切口："孔雀"当与"孔氏"一家。这礼而不让的分寸拿捏得可谓刚刚好。

应而有对

《杨氏之子》中的应对并没有表明其二者之间的情感冲突，所以我们既可以理解为一种长幼之间的趣谈，也可以理解为学生对自己姓氏的本能维护。在《世说新语》中这样机智的应对有很多，比如四岁让梨的孔融在遇到有人讥讽之时，也表现出了极为智慧的应对：

孔文举年十岁，随父到洛，时李元礼有盛名，为司隶校尉，诣门者皆俊才清称及中表亲戚乃通。文举至门，谓吏曰："我是李府君亲。"既通，前坐。元礼问曰："君与仆有何亲？"对曰："昔先君仲尼与君先人伯阳，有师资之尊，是仆与君奕世为通好也。"元礼及宾客莫不奇之。太中大夫陈韪后至，人以其言语之，韪曰："小时了了，大未必佳。"文举曰："想君小时，必当了了。"韪大踧踖。

这种顺势而推的"怼"常常令挑起者防不胜防，因为所用的乃"以子之矛攻子之盾"的手法。这陈韪和孔君平面对年仅十岁孩童的如此反驳，一时语塞之窘是免不了的。重要的是这样的一种言语模式给人带来的阅读乐趣，以及一笑之后对于汉语的咀嚼和品味，真是无穷无尽。

笔者此篇中的"童话"已经被窄化为"儿童的话（语言）"，只是中国经典文化中所存在的"童话"的一个方面。我们的小学语文教学立足于童话的视角，可以得到更多经典中的"童话"态度和思维，定然能将小学文言文教学进行得如童话一般美丽。

玩玩汉语里的文字游戏

——《杨氏之子》教学设计

▶▶▶ **教学内容** ···

统编版小学语文教材五年级下册第 21 课

杨氏之子

梁国杨氏子九岁，甚聪惠。孔君平诣其父，父不在，乃呼儿出。为设果，果有杨梅。孔指以示儿曰："此是君家果。"儿应声答曰："未闻孔雀是夫子家禽。"

▶▶▶ **教学目标** ···

1. 正确、流利地朗读课文，背诵课文。

2. 自主学习本课三个生字，借助注释理解重点词语的意思。

3. 能理解课文句子的意思，并体会杨氏之子的聪惠表现在哪里。

4. 通过幽默风趣的言语训练，培养学生热爱文言的情感。

▶▶▶ **教学重点** ···

体悟汉语特有的文化与智慧。

▶▶▶ **教学时间** ···

一课时。

▶▶▶ **教学过程** ···

一、 单元主题进入，趣说姓氏

1. 导入：同学们，今天开启了第八单元的学习，大家看单元主题页上的关键词是什么？（风趣和幽默）"风趣"和"幽默"是需要什么做保证的呢？（智慧）那么这节课，我们就需要充分发挥你们的智慧来感受并参与一节风趣和幽默的语文课。

2. 本单元的开篇是一篇充满智慧的幽默小故事。

3. 板书课题：杨氏之子

4. 析题：显然这是一篇文言文，你们读懂课题的意思了吗？（杨家的儿子、学生）

5. 姓氏，在中国是一个非常重要的文化。你能用这样的结构来介绍一下自己和你的同桌吗？

（例：我是王氏之子，我的同桌是李氏之女）

过渡：好的，为了充分体现你们家族中强大的智慧基因，课堂上就继续好好表现。下面请你们打开书来认真读一读这篇文言小故事。

出示课文要求：读准字音，读准句子停顿。借助注释尝试理解故事。

二、 自读情况交流，妙解故事

1. 指名朗读课文，（正音）指导：注意正确句读。

孔/指以示儿曰："此/是君家果。"

儿/应声答曰："未闻/孔雀/是夫子家禽。"

2. 根据课文注释，尝试理解。

读注释：注释让我们知道了什么？

（1）《世说新语·言语》，又称《世说》《世说新书》，是南朝宋时刘义庆组织门客编写东汉后期到晋宋间一些名士的言行与轶事。依内容可分为"德行""言语""政事""文学""方正"等三十六类（先分上、中、下三卷），全书共有一千二百多则文章，篇幅多短小精练。

（2）"惠"与"慧"。根据课文注释：惠 = 慧？

分析：两个字有相同的部首"心"，这两个字都表示心智聪明。慧的甲骨文写作，上半部是指用细枝茂盛的干草之类的东西扎成的扫帚，下面有相应的"灰尘"，原来就是一把"扫帚"，所以彗星也称"扫帚星"。那么，扫帚扫走"心"上的什么呢？（愚昧、无知、不好的思想……）将蒙蔽在心灵上的"尘埃"扫去，我们就会变得心明眼亮，聪明起来。

惠的甲骨文写作 ，古代文字研究者徐锴认为："为惠者，心专也。"他认为"惠"字上部为"专"，下部为"心"，可见"专心为惠"。原来专心去做（思考）某件事情，定会从中得到收获，让自己越来越聪明。

小结：可见这两个字的结果意思相同，都表示聪明，但得来的方式有些微的差别。你们能根据这样些微的差别来解释一下文中的句子吗？

杨家的儿子是一个做事专心、聪明机灵的学生。

3. 杨氏之子的聪惠表现在哪里？

（1）代父招待客人——父不在，乃呼儿出。为设果，果有杨梅。

（2）应对客人玩笑——儿应声答曰。

4. 自由读课文，提出自己不理解的地方，大家讨论。

"乃呼儿出"是谁呼儿出？——可能是家中人看到孔君平来了，主人不在，就让主人的儿子来接待一下客人；也可能是孔君平来了见主人不在，想关心一下主人的儿子，就叫他出来见个面。

文中的两个"君"的意思有什么联系？——第一个"孔君平"的"君"用在人名中表示人的祝福和追求：谦谦君子是古代读书人的形象追求。而后一个"君"则是礼貌用语，此处指孔君平对杨家的敬称："君家"即"杨家"。

5. 作为故事中重要道具的"杨梅"在文中有几种表示方法？

杨梅——果有杨梅，直接指出名称。

指以——"指（此）以示儿"，指着杨梅给杨氏子看。

君家果——杨家的果子。这样的说法可以如何解释？

①指杨家准备招待客人的水果。②这果子叫杨梅，也就是姓杨。

孔君平想要表达的是什么意思？（一语双关，考考杨氏子能不能听出

其深意)

6. 杨氏子听出来了吗?（立刻听出来了——应声）

分析应对的机智:按照孔君平的理论类推:"孔雀"自然应该是与"夫子（孔君平敬称）"同姓"孔"啦。

分析"未闻孔雀是夫子家禽"之妙。

（1）推断:"未闻"——没听说,隐含此理解为按照前面孔君平的判断而推理所得。如果孔君平不同意此说法,也就必须推翻自己前面的观点。

（2）礼貌:"夫子"为敬称。

（3）思维:"杨梅"姓"杨",要反击必须逆向思考一下:孔君平姓"孔",必须找一"姓孔"的事物应对。

（4）速度:此为孔君平话音未落,杨氏子"应声"而对,说明其"听"得专心,"想"得专心,"说"得专心。

由此可见其"甚聪惠"!

7. 尝试用自己的话讲一讲这个故事。

三、 感受汉语魅力,戏说"君家"

1. 文中"君家"为敬称,而故事往往需"巧合"方成。此处"巧"就巧在主人家为"杨"氏,而所设之果有"杨"梅,还有孔君平言语之"巧"。此三"巧"缺一不成。

如果你来创作,还有哪些姓氏与待客之果可以相遇成"巧"? 示例:

李氏——李子　梅氏——梅子　白氏——白果　甘氏——甘蔗　花氏——花生……

若允许谐音介入则更多:

凌氏——菱角　厉氏——荔枝　叶氏——椰子……

另有现代的待客之道:

牛氏——牛奶　窦氏——豆浆　……

2. 试与杨氏之子做"同学"。

思考："未闻孔雀是夫子家禽"是一种怎样的反击？（以其人之道还治其人之身）

试着和杨氏之子做同学：何姓之人相遇何"禽"、何"兽"即可成此句？

句式：来客姓（　　　　），儿应声答曰："未闻（　　　　）是夫子家（　　　　）。"

范例：

来客姓（朱），儿应声答曰："未闻（朱雀）是夫子家（禽）。"

来客姓（杜），儿应声答曰："未闻（杜鹃）是夫子家（禽）。"

来客姓（麻），儿应声答曰："未闻（麻雀）是夫子家（禽）。"

来客姓（沙），儿应声答曰："未闻（鲨鱼）是夫子家（鱼）。"

来客姓（华），儿应声答曰："未闻（华山）是夫子家（山）。"

来客姓（金），儿应声答曰："未闻（金丝猴）是夫子家（畜）。"

四、 开启思维训练，巧言"果""禽"

1. 打开了思路，我们也能用文言文来讲讲五花八门的笑话。

有让班级同学直面孔君平的简单替换：

李氏之子前毅（班级同学）十一岁，甚聪惠。孔君平诣其父，父不在，乃呼儿出。为设果，果有李子。孔指以示儿曰："此是君家果。"儿应声答曰："未闻孔雀是夫子家禽。"

有让同学替换了孔君平去拜访杨氏的：

梁国杨氏子九岁，甚聪惠。朱乐天（班级同学）诣其父，父不在，乃呼儿出。为设果，果有杨梅。朱指以示儿曰："此是君家果。"儿应声答曰："未闻朱雀是夫子家禽。"

更有主角全部被撤换的：

无锡凌氏之子九岁，甚聪惠。金芮琦（班级同学）诣其父，父不在，乃呼儿出。为设果，果有菱角。金指以示儿曰："此是君家果。"儿应声答曰："未闻金丝猴是夫子家畜。"

梁溪花氏之子十岁，甚聪惠。杜甫诣其父，父不在，乃呼儿出。为设果，果有花生。杜指以示儿曰："此是君家果。"儿应声答曰："未闻杜鹃是夫子家禽。"

2. 总结：大家在拥有此番之"巧"，博得众人一笑之余，玩得个中滋味，悟得个中情趣。

课程立体化，拓展文言阅读教学空间
——以《伯牙鼓琴》为例谈文言文拓展性课程开发

对于六年级的学生来说，学习文言文不仅仅是满足"感兴趣"和"能读通"了，还应该主动结合单元语文训练要素，充分发掘文言文在教材单元中"根脉"的作用。作为艺术主题单元的首篇课文《伯牙鼓琴》，如何突破文言文的传统教学模式，努力培养学生的主体地位、完善学生对文言的认知结构、改善学习文言的方式，并以此提高学生自主阅读文言的能力，是极具挑战性的。针对以艺术为主题的文本，笔者认为需要教者有立体化课程设计意识做支撑，营造艺术氛围，拓展阅读空间，才有实现"借助语言文字展开想象，体会艺术之美"一系列教学目标的可能。只有让学生立体感知文学艺术、音乐艺术，经典的艺术形象才可能在他们脑海中清晰而鲜活起来，艺术之美才会如花绽放，生命之美才会散发出如春天般的勃勃生机。本文以《伯牙鼓琴》为例，谈谈如何创设立体化课程，拓展文言阅读教学空间，培养、激发和发展学生学习文言的兴趣，开发学生的潜能，促进学生在参与文言文课程中的个性发展。

切入艺术欣赏，拓展阅读体验

文学的形式与内涵是无法分割的，而优秀的作品常常是将它们自然地融为一体。因此，教学过程中也应该融文字描述与内涵体悟于一体，方能将其价值完整体现。作为一个记录音乐故事的文本，其艺术性是传

153

递的首位，所以找到文字与音乐的交融点也就找到了文本阅读的切入点。

本篇中"善哉乎鼓琴，巍巍乎若太山""善哉乎鼓琴，汤汤乎若流水"这两句话就是文学与音乐的交融之处。首先，它是对伯牙所鼓琴的内涵最为直接的描摹：伯牙因意在太山而心生"巍巍"，传至琴声，锺子期得"巍巍"而得太山；伯牙因意在流水而心生"汤汤"，传至琴声，锺子期得"汤汤"而得流水。其次，在于它充分体现了一个组码和解码的过程，过程中充满了自然与人、人与人之间的交融，是读人、读自然的典范——知音——知心。最后从故事结构来讲，它承接伯牙鼓琴和子期听之的具体体现，又是下文高潮冲突的充分铺垫，对于知音之间交流的美妙体验越深，越能体验得到伯牙"破琴绝弦"之悲痛的深切。

在教学中，对这个过程的体悟最为有效的办法就是音乐，让古琴版的《高山流水》真正流淌进来，许多美妙是不必太多言明却能得到落实的。乐曲开篇即悠悠地将人带入群山峻岭之中，漫步山间，拾阶而至山顶，茫茫云海，山峦若隐若现，怡然置身于山巅，坐看云起云涌，侧耳静听，山间之清流淙淙，渐汇成溪成河，其流渐急渐猛，终如蛟龙般奔腾而去，一泻汪洋，热情而奔放。渐渐放慢脚步，复渐恢复如湖如镜，若明月中天，再有往复于山阶之念，缥缈于山水之浩汤……如此旋律正是感悟"巍巍"与"汤汤"的最佳思维路径，如此旋律正是诵读"善哉乎鼓琴，巍巍乎若太山""善哉乎鼓琴，汤汤乎若流水"时最合拍的节奏。

汉语中叠词的能量是神奇的，尤其在表现声律上会收到极为奇妙的效果。从《诗经》中的"关关雎鸠"开始，汉语言就将叠词与音乐巧妙地切合在一起。最为熟知的如《琵琶行》中的"大弦嘈嘈如急雨，小弦切切如私语。嘈嘈切切错杂弹，大珠小珠落玉盘"，只要读过就难忘。由此，对于"善哉乎鼓琴，（　　　　）乎若（　　　　　）"这样的一个句式，不妨设置一些想象训练，既切合对主题的理解，又有言语技能的训练。学生的个性经验一旦被打开，定然能给你带来诸多意料之外的惊喜。

链接主题诗词，拓展阅读形式

诗文诗文，在此篇文本阅读中，诗与文是相融的。诗情的切入方法有这样两种：其一是在诵读过程中的诗化；其二是在对经典传承过程中的诗化。

"善哉乎鼓琴，巍巍乎若太山""善哉乎鼓琴，汤汤乎若流水"这两句在文中显现出了诗韵的美感。将此两句以平仄标注，依字行腔，诵读时更有音乐一般的美感。

| —— | —，——— | | —

善哉乎鼓琴，巍巍乎若太山。

| —— | —，——— | — |

善哉乎鼓琴，汤汤乎若流水。

这样的诵读并非为了诵读而诵读，而是体味平声的悠长，激发我们在音乐中去寻找、去联想、去生发出太多太多的个性和诗意来。尤其是"巍巍乎"和"汤汤乎"这样的三连平，从节奏上可以给诵读者带来无穷的发挥空间。而教学中教者可以给予主题性的引导，继而由此帮学生进入主题诗词的联想，让音乐与诗歌融合，其美感的渗透便有了几何级的升华。

因"太山"的引导，依循对乐章的感受，学生自然会联想到杜甫的的《望岳》：

岱宗夫如何？齐鲁青未了。

造化钟神秀，阴阳割昏晓。

荡胸生曾云，决眦入归鸟。

会当凌绝顶，一览众山小。

由此可以激发学生联想起诸多与山相关的描写，调动出一个山的主题诗歌课程。而"汤汤乎"同样可以将学生的思维"汤汤"而入江河。

教材在文末"资料袋"中呈现了与伯牙、锺子期传说相关的三句诗：

锺期一见知，山水千秋闻。——孟浩然《示孟郊》

锺期久已没，世上无知音。——李白《月夜听卢子顺弹琴》

故人舍我归黄壤，流水高山心自知。——王安石《伯牙》

这样的诗词则是对整篇故事的主题延伸，对于感受经典的魅力和传承极为重要。

孟浩然《示孟郊》中所说的"锺期一见知，山水千秋闻"正是对这一经典传承的魅力作了总结，前句描述了伯牙子期初见即相知的境界，而后句既点明了当时的作品《高山流水》，又形象地点明这样的经典故事如高山流水一样被人传颂和传诵。值得提醒的是此处的"孟郊"非我们熟知的《游子吟》的作者孟郊。因为孟浩然生于689年，于740年去世，而《游子吟》的作者孟郊在孟浩然去世后十一年的751年才出生，所以虽然处于同一时代，但他们确实没有相遇的机会。从整首诗理解，这位孟郊可能是孟浩然的哪位晚辈，"示"一般多是训导口吻，他在诗中告诉孟郊要像伯牙那样不与世俗之音争短长，保持伯牙那样的娴静气节，不要在意世俗的众说纷纭。李白的经历大部分同学比较清楚，所以他在《月夜听卢子顺弹琴》中以"锺期久已没，世上无知音"来排遣自己的情绪，同时这句诗也是对"锺子期死，伯牙破琴绝弦，终身不复鼓琴，以为世无足复为鼓琴者"这句话非常诗意的表达。至于王安石所写的《伯牙》，则完全是在借伯牙而喻自己："千载朱弦无此悲，欲弹孤绝鬼神疑。故人舍我归黄壤，流水高山心自知。"分明就是在倾诉自己实行改革，艰难到了悲壮的地步，顺便将那些"鬼神"指骂了一通。可以说这三句诗呈现出了人们对经典的三种不同的引用和发挥。经典可以用来育人，经典可以用来慰藉自我，经典可以用来抒发愤懑……经典还有太多太多的功能，岁月赋予她无穷的生命力，同时也受用她无尽的滋养。

并呈诸子学说，拓展阅读思维

高山流水的传说不只是《吕氏春秋》这一版本，文末的资料袋中就写到了《列子》版本，原文如下：

伯牙善鼓琴，锺子期善听。伯牙鼓琴，志在登高山，钟子期曰："善哉，峨峨兮若泰山！"志在流水，钟子期曰："善哉！洋洋兮若江河！"伯牙所念，钟子期必得之。

伯牙游于泰山之阴，卒逢暴雨，止于岩下；心悲，乃援琴而鼓之。初为霖雨之操，更造崩山之音。曲每奏，钟子期辄穷其趣。伯牙乃舍琴而叹曰："善哉！善哉！子之听夫志！志想像犹吾心也。吾于何逃声哉？"

作为一个补充性的阅读资料，这样的版本承载的价值如何体现？

首先要明白，经典的故事常常是被很多人颂扬的，其次是要感受到不同的人所讲述的目标和重心不同。对于小学生来说，与其去考证作者目的，莫如真切地感受两种不同的文风：这两篇记录同一故事的文字有哪些相通之处？（比如对于开篇鼓琴和听琴的描写）又有哪些不同之处？两篇文章在用词上、节奏上、详略安排上都有不同。《列子》将伯牙和子期之间的"鼓"与"听"写得更具象，情绪更丰富。

在课文理解的基础上，附以这样的一份"加量"阅读，不仅内容上更加丰富，更重要的是学生对于文言文的言语方式和表达效果有了更为立体的察与觉。

融入话本小说， 拓展阅读视角

同样的故事，随着时代的变化还有讲述方式上的变化。伯牙、子期的故事经历各种笔记和诗词的传颂，不仅在文人墨客之间流传，更有民间的各种说法。明代著名的文学家、思想家、戏曲家冯梦龙对小说、戏曲、民歌、笑话、坊间话本等通俗文学进行搜集、整理、编辑，辅以自己的创作，所辑话本《喻世明言》《警世通言》《醒世恒言》（合称"三言"），是中国白话短篇小说的经典代表。《伯牙鼓琴》的故事被他录入《警世通言》，改题为《俞伯牙摔琴谢知音》，作品通俗易懂，在当时很受听客的喜欢，已成为中国古代话本的典范之一。

综观所有相关故事，你会发现伯牙一直是主角，为何？其一，伯牙在历史上确有其人，这位精通琴艺者本伯氏名牙，是春秋战国时期楚国郢都人，后讹传为俞氏，名瑞，字伯牙，将这讹传做实的人就是冯梦龙。伯牙虽为楚人，却任职晋国上大夫，抚琴遇知音就是他在探亲回国途中发生的故事。而锺子期虽然资料中也有记录，但除了生卒年及其楚国人的身份之外，再没有什么其他记载，他的出现完全是被伯牙弹琴给"勾"出来的，若没有这曲《高山流水》，他可能与千年来的普通大众一样永远地隐身于时空之中。其二，从地位与身份来说，伯牙属于贵族（官者），而锺子期则是樵夫（尽管这是他隐世的一种状态）。另外从故事本身来说，贯穿前后的人物就是伯牙，前后情感经历变化者也是伯牙，而锺子期只是他生命中出现的一个关键人物。所以，无论是什么版本都没有出现过对锺子期的描述。这也是讲故事的一个关键要素。最重要的是这篇文章要传递的不只在于伯牙与锺子期之间的交往，而是在于伯牙对于"知音"的态度：失去知音，就再也不发音——让自己的心随着知音的离世而"死"去。"破琴绝弦"是对知音的最好祭奠，因为对于伯牙来说，琴就是他生命的另一种呈现形式，这样的"破"和"绝"相当于一种殉情。而"终身不复鼓琴"才是彻骨的怀念——对于一位琴艺精湛的乐者来说，这就是一种变相的"自杀"。曾经共享琴音、神游于高山流水之间，给身心带来精神享受，这是艺术赋予生命的精彩，一旦失去，生命也就失去了光彩，承载艺术生命之象的琴也就只能被毁灭！

秦国相邦吕不韦召集他的门客们编撰的《吕氏春秋》是熔诸子百家学说于一炉的经典，涉及的内容极为丰富，呈现出典型的杂家思想。《列子》是战国早期列子、列子弟子以及其后学所著哲学著作。这一时期的作品都是文言文，而且同一时期对同一事件的记录内容肯定大同小异，不同的无非是述说的手法及传递的思想，而相对于治国之大策或处理事务的态度和方式来说，这种"知音"话题则是诸家共同认可的。相对于文言文，话本的呈现在言语方式上有了鲜明的突破，不仅语言更口语化、通俗化，结构上也有了极为丰富的情节，读来更有趣味性。推荐给学生作为课外阅读，可丰富其想象力，拓展阅读视角，促进汉语的运用和实践。并可借此激发学生用自己的语言来讲述故事的兴趣，以提升他们的口语和写作能力。

小学文言文教学方兴未艾，笔者此篇旨在以《伯牙鼓琴》为例，谈谈如何借文言文教学创设拓展性课程。通过艺术欣赏课程拓展阅读体验、主题诗词课程拓展阅读形式、诸子学说课程拓展阅读思维、话本小说课程拓展阅读视角及阅读经历等诸多实践，"寓杂多于整一"地将文言文阅读教学的空间充分地开拓，以获得阅读中更为立体的美感体验。

高山仰止读经典　行云流水诵知音

——《伯牙鼓琴》教学设计

▶▶▶ 教学内容 ···

统编版小学语文教材六年级上册第22课

伯牙鼓琴

伯牙鼓琴，锺子期听之。方鼓琴而志在太山，锺子期曰："善哉乎鼓琴，巍巍乎若太山。"少选之间而志在流水，锺子期又曰："善哉乎鼓琴，汤汤乎若流水。"锺子期死，伯牙破琴绝弦，终身不复鼓琴，以为世无足复为鼓琴者。

▶▶▶ 教学目标 ···

1. 正确、流利地朗读并背诵课文。借助文中注释，理解词句意思。

2. 聆听乐曲《高山流水》，想象体悟文言文描述的情境带来的美感。

3. 查阅资料，结合文后"资料袋"感受伯牙破琴绝弦的情感，及对后世的影响，感受经典的魅力。

4. 拓展阅读《列子·汤问》文言版及《警世通言》话本版故事。

▶▶▶ 教学重、难点 ···

聆听乐曲《高山流水》，想象体悟文言文描述的情境带来的美感。

▶▶▶ 教学时间 ···

两课时。

1. 课前预习课文，读准字音，借助注释尝试理解课文。

2. 聆听古琴曲：《高山流水》。

3. 根据阅读，自主查阅相关资料。

▶▶▶ 教学过程 ···

一、 单元主题， 音乐切题

1. 本单元是一个非常特别的单元，出示：一首歌，一幅画，一件小工艺品……一段美好的艺术之旅。

2. 请大家静心聆听一段乐曲，开启我们今天的艺术之旅。（播放古琴曲《高山流水》）说说你所知道的相关信息。

（1）古琴曲（十大名曲之一）

（2）相关人物：伯牙、锺子期

3. 揭题：今天，我们就来学习一篇与此曲相关的经典小故事（板书课题：伯牙鼓琴）

读题，解题：本文选自《吕氏春秋·本味》。鼓，弹。

二、 交流正音， 读准句读

1. 自由练习后，指名试读课文。

2. 结合注释，纠正读音。

重点字：少选——一会儿，不久。所以此处的"少"读 shǎo。

以为世无足复为鼓琴者——认为世上再没有值得他为之弹琴的人了。"以为"即"认为"，此处"为"读 wéi；后一个"为"表示弹琴这一行为的对象，因此读 wèi。

3. 结合理解，读准句读和重点句子。

（1）巍巍乎若太山：像大山一样高峻。巍巍，高大的样子。若，像。"若太山"是对音乐显现出来高大样子的描摹。因此句读是：巍巍乎/若太山。

（2）汤汤乎若流水：像流水一样浩荡。汤汤，水流大而急的样子。"若流水"是对乐曲中急而切的形态描摹。因此句读是：汤汤乎/若流水。

（3）以为世无足复为鼓琴者：认为世上再没有值得他为之弹琴的人了。此句是对伯牙"破琴绝弦"的原因的解释。"世无足复为鼓琴者"即为原因，而这原因为悲痛欲绝之言，八个字，六个字为仄声，其情痛之深可从语调中感受，一气吐出。因此句读为：以为/世无足复为鼓琴者。

4. 交流后，再次指名朗读。感受正确读音和句读。

三、 字里行间， 悟境悟情

1. 我们来听听别人是如何朗诵这篇文章的。（听配乐朗诵）

2. 配乐自读练习。

3. 交流：哪些句子让你印象最为深刻？

善哉乎鼓琴，巍巍乎若太山。善哉乎鼓琴，汤汤乎若流水。

要点：

（1）叠词的美妙。巍巍：平声的上扬，幽深——登山看日出。（结合书写指导，感受高山之巍峨）汤汤：平声的悠远，绵长——看黄河奔流入海。

另一种版本的描写：

峨峨兮若泰山。洋洋兮若江河。

解说"峨峨"和"洋洋"。你更喜欢哪一种？为什么？

（2）节奏的美妙。

善哉乎~鼓琴，巍巍乎~若太山。善哉乎~鼓琴，汤汤乎~若流水。

空隙之想象：琴声之悠长，山之弥高，水之浩荡。读出这种想象的空隙。

（3）平仄的曲调。将两句话按平仄标出节奏。

｜——｜—，———｜｜—。 ｜——｜—，———｜—｜。

按平长仄短，尝试吟诵。自由交流诗句联想。

善哉乎鼓琴，巍巍乎若太山。

诗句联想：太山＝泰山。杜甫《望岳》：岱宗夫如何？齐鲁青未了。造化钟神秀，阴阳割昏晓。荡胸生曾云，决眦入归鸟。会当凌绝顶，一览众山小。其他描写山的诗句，例：

我见青山多妩媚，料青山见我应如是。（辛弃疾）

登高望蓬流，想象金银台。（李白）

……

善哉乎～鼓琴，汤汤乎～若流水。

诗句联想：黄河、长江。

滚滚长江东逝水，浪花淘尽英雄。（杨慎）

大江东去，浪淘尽，千古风流人物。（苏轼）

春江潮水连海平，海上明月共潮生。（张若虚）

君住长江头，我住长江尾。（李之仪）

…… ……

集体吟诵。

（4）句式的变幻：善哉乎鼓琴，（　　　　）乎若（　　　　）。

分析叠词与事物描写之间的关联。补充例证。

大弦嘈嘈如急雨，小弦切切如私语。嘈嘈切切错杂弹，大珠小珠落玉盘。间关莺语花底滑，幽咽泉流冰下难。（白居易《琵琶行》）

尝试仿作：

善哉乎鼓琴，（峨峨）乎若（泰山）。

善哉乎鼓琴，（洋洋）乎若（江河）。

善哉乎鼓琴，（皎皎）乎若（秋月）。

善哉乎鼓琴，（徐徐）乎若（春风）。

善哉乎鼓琴，（潺潺）乎若（山涧）。

善哉乎鼓琴，（袅袅）乎若（炊烟）。

…… ……

4. 梳理人物关系。根据课文填写下面的表格。

伯牙	锺子期
鼓琴→	听之
志在太山→	曰若太山
志在流水→	曰若流水
破琴绝弦	
终身不复鼓琴	←死

小组讨论：结合阅读，理解下列诗句所表达的意思。

锺期一见知，山水千秋闻。（孟浩然《示孟郊》）

——描写伯牙与子期相遇相知的喜悦，也成为传诵千秋的佳话。

锺期久已没，世上无知音。（李白《月夜听卢子顺弹琴》）

——此句正是"锺子期死，伯牙破琴绝弦，终身不复鼓琴，以为世无足复为鼓琴者"的诗意表达。

故人舍我归黄壤，流水高山心自知。（王安石《伯牙》）

——"高山流水"成为"知音"的代名词，千古流传，表达知音难求，"故事"常常被引入每位作者的故事。

播放音乐《知音》，出示：

借问人间愁寂意，伯牙绝弦已无声。高山流水琴三弄，明月清风酒一樽。……

小结：这个千古流传的故事让"高山流水"成为"知音"的代名词，感动了一代又一代文人墨客。他们或歌咏其情谊，或借之以抒怀，使《伯牙鼓琴》成为中华文化的经典。

5. 集体配乐诵读全文，尝试背诵。

四、经典流传，拓展阅读

1. 用自己的话讲述故事。

2. 诵读不同版本故事，出示《列子·汤问》版。

思考：两个版本有哪些不同之处？各有何妙处？

3. 作业：课后阅读冯梦龙《警世通言》中的《俞伯牙摔琴谢知音》。

牧童不解处士乐　东坡顿悟古语云

——解读《书戴嵩画牛》中的美感体验

书戴嵩画牛

蜀中有杜处士，好书画，所宝以百数。有戴嵩《牛》一轴，尤所爱，锦囊玉轴，常以自随。

一日曝书画，有一牧童见之，拊掌大笑，曰："此画斗牛也。牛斗，力在角，尾搐入两股间，今乃掉尾而斗，谬矣。"处士笑而然之。古语有云："耕当问奴，织当问婢。"不可改也。

苏轼的这则小故事流传甚广，其旨直接指向了"耕当问奴，织当问婢"——真知来自实践。教材编写将其录入艺术主题单元："一首歌，一幅画，一件小工艺品……一段美好的艺术之旅。"同单元的课文还有《月光曲》《京剧趣谈》，与之同篇的还有《伯牙鼓琴》，都属于艺术创作与欣赏之类。另本单元还特别提出了"借助语言文字展开想象，体会艺术之美"的素养训练要求。由此打开了解读文本的另一个视角：传递美感体验的艺术视角。《牛》这样的美术作品给不同的观赏者所带来的美感体验是千差万别的，从人的认知感受规律逐步体会不同的美感体验，正是文本解读的必经之路。

赏《牛》

这个故事是由戴嵩的《牛》所引发，虽然戴嵩不在故事现场，却是故事情节发展的核心。由此我们必须先来了解一下戴嵩其人。课本里仅注释其为"唐代画家"，一来关于戴嵩的可查资料实在不多，二来在此文本中他是一个非常神秘的"空白"。这个"空白"不只是激发学生搜集和整理资料的兴趣点，还在于阅读过程中引发学生对其创作的推想。据现有资料显示，戴嵩擅画田家、川原之景，画水牛尤为著名。唐人朱景玄所撰《唐朝名画录》以"神、妙、能、逸"四品品评诸家，戴嵩被排在"妙下"之列。作者称其所画之牛为"穷其野性筋骨之妙"——也就是说戴嵩画牛已经画到"疱丁解牛"的境界了。这种以独特的擅长闻名业界的人物很多，比如韩干画马、黄筌画雀、王冕画梅、郑板桥画竹、齐白石画虾、徐悲鸿画马、黄胄画驴等，这位戴嵩以画牛著称，与韩干之画马并称"韩马戴牛"。

这样一位画家首先得爱牛，他对牛的欣赏不是用文字记录，而是用他神奇的画笔传递着牛之形态、牛之精神、牛之韵味。作为非专业收藏人，只能通过大众媒介尽可能了解其作品。现在网络盛传的《斗牛图》是中国台北故宫博物院藏品，画面上两头相斗的牛一避一逐，逃避者转身扬蹄，后腿却已中招，不禁负痛仰天长哞。而逐者势不可当，以角挑逃者后腿直抵腹部，竭尽全身之力以完成攻击，那不依不饶之态跃然纸上。两头牛宛如拳击台上奋力搏击的选手，赏画人仿佛能听到它们奋蹄之声、角逐之声、嘶鸣之声，还有场外的吆喝声、喝彩声……而两头牛的尾巴皆"搐入两股之间"，未见课文中所描述的"掉尾而斗"。

相传这戴嵩曾画饮水之牛，水中倒影，唇鼻相连，可见其观察之精微。作为如此爱牛、赏牛、画牛之人，不太可能对牛斗时尾巴的位置掉以轻心，所以笔者更愿意相信戴嵩所见牛之多，所画牛作之丰，形态各异，其"搐"其"掉"皆以牛斗势之需，更以艺术创作的画面效果为基准，笔法传神为宗旨，所谓"固知象物者不在工谨，贯得其神而捷取之耳"。(明·李日华)事实上牛与牛相斗时尾巴的形态可谓"千姿百态"：有"搐"有"掉"，有"平"有"旋"……一句话，以"尾象"评斗牛，实在有点盲人摸"牛"的味道。戴嵩眼中和笔下的牛，远非农人和牧童所见之牛。

那么牛之于牧童意味着什么？朝夕相处的伙伴是肯定的，在古代牧童与牛同住的都有。所以牧童对于牛的习性是非常熟悉的，牛如何吃草，如何睡觉，如何劳作，如何打斗，甚至牛的眼神和脾气，牧童也无所不知。文中的牧童并非古典诗词中具有特殊内涵的意象，就是一个路过的地道的牧童。他有自己的知识经验：亲眼见过牛斗，知道争斗中的牛尾"搐入两股间"；他有自己的品质：真诚而质朴——会坦率地告知；同时他也有自己的局限：所见之牛即所牧之牛——不知另有"掉尾而斗"之牛。因此，他看戴嵩之《牛》和杜处士看戴嵩之《牛》的审美视角大相径庭。

杜处士对于戴嵩的《牛》可谓爱不释手，套用同篇课文中《伯牙鼓琴》的思维，那就是画家的"知音"。他对于《牛》的欣赏仅是书画层面的欣赏，"所宝以百数"足以证明其书画收藏家的身份。在古代做古玩生意的为少数（多为专家级别），而且其"处士"身份（一般指有德才而不愿去做官的人，更别说经商了）决定了其艺术修养。"锦囊玉轴，常以自随"可见杜处士对《牛》情有独钟。他欣赏戴嵩笔下的《牛》会从笔法、构图、线条、画面、意韵等多个视角。他随身携带就是为了随时赏玩画作的艺术手法，体验美感。他是不会像牧童那样太多关注实用之牛的。

这杜处士的身份一直不明，不知是与戴嵩同处唐朝，还是与苏轼共处宋代，但就其故事情节，历史上倒真有原型。这个人叫马知节，他是北宋初期的一位名臣。关于他与戴嵩的《牛》之间有个故事：他将自己珍藏的戴嵩名画《牛》铺开晒太阳，有个农民路过时对他说了类似于牧童对杜处士说的一番话，马知节为之叹服。但与马知节"叹服"不同的是，本文中的杜处士"笑而然之"——这又给阅读者留下了极大的思维空间：作者苏轼在此处为何只让杜处士面对如此严肃的"谬"以"一笑了之"?

从文学创作的角度来说，比马知节晚出生几十年的苏轼肯定对于这个最鲜活的版本有所耳闻，或是传说中已经被人改编，或是苏轼出于文学创作的艺术需求而对其有所提炼，总之这个故事是发生在宋代。苏轼将故事录入《东坡志林》的目的不在于对戴嵩所画之《牛》评头论足，而只是记录了一则与之相关的轶事。《东坡志林》一书记载了苏轼从元丰至元符（1078—1100）二十年间的一些杂说史论，涉及的内容包罗万象，日常所涉无所不谈，随手拈来，即兴而作，行云流水。篇幅多短小，偶有长篇，妙笔成趣。这则关于"牛"的故事就像现在电影作品后的彩蛋，如正品欣赏之余的花絮。虽然苏轼本人也是书画大家，为许多名人作品题跋，但此刻他要传递的是文字的魅力，也即要为阐明"耕当问奴，织当问婢"的观点找个例证，抑或是听了这个故事忽然联想起古语所云，这正是他对艺术创作理念的阐述。所以到了苏轼这个层面对于《牛》的欣赏已经完全理论化了，属于顿悟层面的联想，且进入了文学范畴。

说 "笑"

作为一则趣谈，其"趣"又是因人而异的。仅从最浅层次的"笑"来分析，便可见其丰富的内涵。文中牧童和杜处士各有一"笑"，值得玩味。

"牧童见之（戴嵩《牛》），拊掌大笑"——此处牧童鲜活的形象栩栩如生，以牧童的年龄，一旦有所发现，必然出现肢体语言，"拊掌"即拍手，为自己独特的发现而开心，得意之情全在那"拊掌"中。面对戴嵩的名作，牧童是无力做艺术层面的欣赏的。实际生活给予他生动形象的经验知识，且由此逐步形成他判断事物的标准——概念化：他看画只能看到"牛"，而且是以己之牛观戴嵩之牛，但凡与自己概念中不同的形态即为"谬矣"。最具渲染性的情绪表现莫过于"笑"，这"笑"是一种充满天真意味的嘲笑，其笑有三：首先，他笑那画中之牛，斗牛搐尾而斗是个基本的常识，这两头牛居然"掉尾而斗"；其次，他笑杜处士，收藏的不过是个美丽的错误，哪里用得着如此珍爱；最后当然是笑那画牛的人，这种常识都不知道的人还说是著名的画家呢！牧童笑得可爱，他的美感体验全凭直觉，来自真性情。

而杜处士的"笑"则谜一样含蓄。此笑是对牧童质疑后的回应。首先是因牧童的勇气而笑，牧童天真而坦率，提出不同意见让杜处士耳目一新；其次是因牧童的见地而笑，牧童所提出的知识经验来自亲身感知，极具说服力。"然之"即认为牧童说得对，但认可牧童所说的情形是正确的，未必表示正确的情形恰如牧童所说。所以杜处士的"笑而然之"之中是否另有他意则是一个极好的阅读空白。这位杜处士对于牛究竟知之多少？作为处士可能远离农耕之事，因此对于牛事仅停留在戴嵩的作品之上，因此，牧童之言足以令其叹服，引发他的感慨。而若这位处士不仅学识渊博、热爱艺术作品，还有亲近自然之情怀、善于观察之能力，见识过戴嵩更多作品且有研究，那么就不排除他知道世间牛斗之时，尾巴"千姿百态"的可能。如是，那杜处士的笑中就有了更丰富的内涵，除了对牧童天真坦率和实践经验的认可之外，还有一份包容。他只是笑着给面前的这个学生以更多的鼓励，却并不去告知其指谬之谬。

无论属于哪一种笑，都不会影响杜处士对戴嵩《牛》的喜爱，认可缺点则以"瑕不掩瑜"一笑而过；心知更多《牛》图，也绝不会与牧童辩白，而是包容其幼稚地一笑而过。"处士"多为佛系之人，淡泊名利，对于一个有勇气评判名画的学生，他的修养也决定了他除了"笑而然之"不会对牧童再做些什么。

读完此文，对比文中这两处"笑"，我们不觉也会心一笑：牧童知斗牛之乐，不知处士之乐也。

悟 道

从艺术层面来讲，不同的人从这个故事中所体验到的美感自有不同，对于"笑"的个性解读，并不影响文本本身所传递的"道"，天地万物，各悟其道，各得其道，各行其道。

作为《牛》的创作者，戴嵩感于牛之形态，而终悟得"其野性筋骨之妙"；作为收藏家，杜处士得《牛》而赏，闻牧童之声而笑，终悟得艺术与生活之联系与区别；作为牛之伙伴，牧童体悟到生活知识和经验得以运用和交流的快乐；作为故事记录者，苏轼所悟得的"耕当问奴，织当问婢"才是文以所载之道——也是语文教学所承载之道。

事例与理论之间的联系，是作家美感体验的过程，也是创作的思维路径。对于绘画颇有研究的苏轼非常热衷于实际经验对知识形成的影响，但作为故事记录者本身，他对于牛斗时尾巴的形态恰恰也是缺乏实际经验的。此处取其事只为阐明自己的艺术创作理论。这在他的另一篇笔记中也得以印证：

书黄筌画雀

黄筌画飞鸟，颈足皆展。或曰："飞鸟缩颈则展足，缩足则展颈，无两展者。"验之信然。乃知观物不审者，虽画师且不能，况其大者乎？君子是以务学而好问也。

此文与本文的结构和情节几乎雷同，只是画家由戴嵩换成了黄筌，这两位都是历史上真实存在并有作品留世的画家。《牛》变成了《雀》，评价者也更模糊了："或"者，有人也，无名无姓，因为此处实在不好安排个樵夫、猎人之类的角色。另外就是省却了中间人"杜处士"这个角色，直接让观赏者与创作者对话。所悟之道"君子是以务学而好问也"也即"耕当问奴，织当问婢"的另一种说法。

苏轼的影响有多大？不仅久远，而且多层。前文中所提及的中国台北故宫博物院收藏的《斗牛图》上就有乾隆皇帝的题跋："角尖项强力相持，蹴踏腾轰各出奇。想是牧童指点后，股间微露尾垂垂。"乾隆是一位极爱附庸风雅的君王，得天下书画之珍品无数，却也是读了苏轼的这个小故事，方才有此题写，相信当时还为自己的这番臆想而得意地笑了吧。

有意思的是，后来他亲临斗牛现场发现确实有"掉尾而斗"的牛，苦于无法清除之前所题，于是帝王的身份让他又任性了一次——再题："牧童游戏何处去？独放双牛斗角叉。画跋曾经辟画录，录诚差跋更为差。"——此次他又批评起苏轼来了，诗中所提的"画录"应该指《唐朝名画录》，但目前看到的版本中并没有这样的故事记载，只是乾隆两次题跋的行为倒恰恰是应了苏轼文末所悟之道。

　　一幅小小的《牛》图，几番辗转，起起落落，引出多少人间故事、多少感慨，可见"道"之无穷。正所谓"一首歌，一幅画，一件小工艺品……一段美好的艺术之旅"。欣赏艺术作品的旅途，随遇随感，可以不断地解读如此有趣的文字，感受如此美丽的风景，丰富我们的美感体验。若如苏轼那样不断体验顿悟，岂不美哉！

笑谈斗牛图　深思"古语云"

——《书戴嵩画牛》教学设计

▶▶▶ 教学内容 ···

统编版小学语文教材六年级上册第 22 课

书戴嵩画牛

蜀中有杜处士，好书画，所宝以百数。有戴嵩《牛》一轴，尤所爱，锦囊玉轴，常以自随。

一日曝书画，有一牧童见之，拊掌大笑，曰："此画斗牛也。牛斗，力在角，尾搐入两股间，今乃掉尾而斗，谬矣。"处士笑而然之。古语有云："耕当问奴，织当问婢。"不可改也。

▶▶▶ 教学目标 ···

1. 正确、流利地朗读课文。

2. 借助注释理解文言文的意思，用自己的话讲讲故事。

3. 结合故事，理解"耕当问奴，织当问婢"，明白实践出真知的道理。

4. 围绕《牛》图，谈谈不同人物从这件艺术作品中所获取的不同感受。

▶▶▶ 教学重点 ···

理解"耕当问奴，织当问婢"，明白实践出真知的道理。

▶▶▶ 教学难点 ···

围绕《牛》图，谈谈不同人物从这件艺术作品中所获取的不同感受。

▶▶▶ 教学时间 ···

两课时。

▶▶▶ 教学过程 ···

一、揭题，读题解题

1. 导入：今天我们来学习《文言文二则》的第二则。板书课题：书戴嵩画牛

2. 读题：读了课题，你们感受到了哪些信息？

（人：戴嵩；事：画牛；艺术表达：书，画）

3. 交流预习所知。

（1）戴嵩资料。唐代画家，擅画田家、川原之景，画水牛尤为著名，后人谓得"野性筋骨之妙"。相传曾画饮水之牛，水中倒影，唇鼻相连，可见之观察之精微。弟戴峄，擅画水牛。明代李日华评其画谓："固知象物者不在工谨，贯得其神而捷取之耳。"与韩干（画马）并称"韩马戴牛"。传世作品有《牛》。

（2）"书"的意思：①书写；②笔记。这里指苏轼所记。

（3）苏轼简介。字子瞻、和仲，号铁冠道人、东坡居士，世称苏东坡、苏仙，北宋著名文学家、书法家、美食家、画家，历史治水名人。李志敏评价："苏轼是全才式的艺术巨匠。"

《东坡志林》记载了苏轼从元丰至元符二十年间的一些杂说史论，涉及的内容包罗万象，日常所涉无所不谈，随手拈来，即兴而作，行云流水。篇幅多短小，偶有长篇，妙笔皆成趣。

4. 根据你们对课题的解读，认为这篇文章可能写的是什么内容？

关于戴嵩创作《牛》的故事。

可能是写戴嵩创作的《牛》这幅画上的"跋"（如题在惠崇所画的

《春江晚景》上的诗）

所画的作品情形的描述。

与这幅画相关的故事。

二、初读，直接感受

1. 出示课文，初读要求：读准字音，读通句子，不好读的句子反复尝试几遍。

2. 指名朗读，正音标读。

重点字音：处（chǔ）士　所宝以百数（shǔ）　斗（dòu）牛

句读例：

所宝/以百数。

有戴嵩《牛》/一轴。（对比现代汉语句式：有一轴戴嵩《牛》）

耕/当问奴，织/当问婢。

3. 借助注释，初读感悟。

仔细对照书中注释，谈谈文言文中词语的意思和现代汉语中的意思有哪些相通之处，又有哪些不同之处。重点强调不同之处。

（1）所宝：所珍藏的（书画）。名词：宝贝儿（所珍爱的对象）；形容词：很宝贝（珍视）；动词：把……当成宝贝来（珍藏）。

（2）搐：抽缩。为何不说"抽搐"？（"抽搐"含有不受控制的痉挛之意，而"抽缩"含有主动操作的意思）

（3）股：大腿。与日常理解不同。结合成语"悬梁刺股"理解。

（4）掉：摆动，摇。与现代汉语中常见的"落下""遗失"等义项差异较大。

（5）谬：错误。后面的资料补充将文中牧童所指之谬处加以说明。

（6）然之：认为他说得对。然：认为……说得对。"之"即"牧童"。思考："有一牧童见之"中的"之"指什么？

4. 再次练习朗读课文。提出自己不懂的地方，交流。

5. 对照标题，初感内容。

对题：戴嵩不是主要角色，主要角色是杜处士、牧童。

画牛——斗牛——"今乃掉尾而斗"。

初感：所书何事？记录了一个关于戴嵩所画的《牛》的故事。

三、再读，概括文意

1. 再读课文，尝试用自己的话讲一讲。不求完美翻译，只要求讲述大概，参考下文。

　　四川有位杜处士，特别喜好书画，他所珍藏的书画有几百种。其中有一幅是戴嵩的《牛》，是他尤其珍爱的。他用锦缎做画囊，用玉做画轴，经常随身带着（赏玩）。

　　有一天，他把（收藏的）书画摊出来晒太阳，有个牧童看见了戴嵩这幅《牛》，拍手大笑起来，说："这张画画的是斗牛啊！牛在争斗的时候，力气全用在角上，尾巴会紧紧地抽缩在两条大腿之间。现在（你看）这幅画上的牛却是摇着尾巴在斗，明明是画错了！"杜处士笑了笑，认为牧童说得很有道理。古人有句话说："耕种的事应该去问农奴，编织的事应该去问婢女。"这个道理是不会改变的。

　　2. 根据理解，概括本文的大意。本文描写了一个牧童指出戴嵩所画《牛》图中的错误的故事。

四、三读，感悟笑意

1. 文中的牧童和杜处士都有笑过，你们能仔细阅读课文，品味一下二人的"笑"有什么不同吗？（小组讨论）

2. 交流牧童之"笑"，指名读牧童的话。

感受语气：此画斗牛也——"也"此处为一种肯定的判断语气。

谬矣——"矣"含有嘲笑、得意的心理。

出示对比：

牛斗，力在角，尾搐入两股间。

今乃掉尾而斗。

（1）开心之笑——结合"拊掌"，为自己的发现而开心。

（2）不解之笑——笑画中牛的表现与自己日常所见牛的表现之不同。

（3）嘲讽之笑——笑这作画之人，连这个常识都不明白，还作画。

3. 交流处士之"笑"。

（1）欣赏之笑——欣赏牧童之发现，欣赏牧童的真诚交流。

（2）然之之笑——认可牧童的观点，觉得他是个有见地的学生。

（3）宽容之笑——对牧童观点的认可，却并没有再说什么。

疑问：处士内心对"斗牛"的尾巴究竟怎么看？

4. 笑谈"牛尾"。

（1）戴嵩：他是否知道牛斗"尾搐入两股间"？出示现代藏品戴嵩的作品《牛》，图中斗牛尾搐入两股间。出示其他斗牛图片，印证书中注释。

思考：可能是怎样的情况？

（戴嵩知错而改了——杜处士和他是同代人，他听到了建议；戴嵩画过不同的斗牛图……）

（2）牧童：只见过自己放牧的牛相斗时的情形——尾搐入两股间。牧童所指"谬"其实也是"谬"。

（3）杜处士：他是否知道斗牛时尾巴的状态？

确实不知——完全认可牧童实践所得的说法。

知道更多——证据1，"好书画，所宝以百数"：这几百幅作品中说不定还有其他的牛，可知。证据2，"尤所爱，锦囊玉轴，常以自随"：经常赏玩，与他人交流，可能还见过戴嵩其他作品。

"笑而然之"——为何不像牧童那样说出自己的不同观点？（牧童本身说的也没有错，鼓励学生说出自己的观点，包容不同的见解……）

（4）苏轼：他是否知道斗牛时尾巴的状态？——不知道

作家目的在于什么？——阐述一个观点。

出示："耕当问奴，织当问婢。"朗读感受"不可改也"的语调。

他还写过一篇作品《书黄筌画雀》，出示：

黄筌画飞鸟，颈足皆展。或曰："飞鸟缩颈则展足，缩足则展颈，无两展者。"验之信然。乃知观物不审者，虽画师且不能，况其大者乎？君子是以务学而好问也。

他要阐述什么观点？（君子是以务学而好问也）

此文与本文的观点有什么相通之处？（都是为了表明实践出真知，艺术创作要向内行与实际生活学习）

五、多读，研究报告

一幅《牛》引出了如此精彩的故事，也引出了如此有趣的思考，我们不妨分组研究讨论：不同人物面对同样的艺术作品时不同的表现和反应，并完成一项研究报告。

人物	与《牛》	知	不知	你想对他说
戴嵩	画《牛》			
杜处士	宝《牛》			
牧童	笑《牛》			
苏轼	记《牛》			

六、多元阅读，个性解析

1. 选择不同的方式向别人讲述这个故事。

2. 小练笔：《对话》。将四个人物：戴嵩、杜处士、牧童和苏轼，外加上自己，任选两个人写一段二人对话。

简析《学弈》中的"智"与"志"
——兼谈个性发展与群体教育

学 弈

弈秋，通国之善弈者也。使弈秋诲二人弈，其一人专心致志，惟弈秋之为听；一人虽听之，一心以为有鸿鹄将至，思援弓缴而射之。虽与之俱学，弗若之矣。为是其智弗若与？曰：非然也。

这篇文言故事流传颇广，之前也有不少版本小学语文教材中出现过其白话版，对于六年级学生来说，就其字面的意思理解并不是太难。随着不断实践，各种个性化的解读教学模式也在出现，诸如专心致志者"惟弈秋之为听"是否狭隘，"一心以为有鸿鹄将至"者未必不能成为猎人，弈秋讲课的方法是否生动……不一而足。笔者并不反对个性化解读文本，事实上，正是众多个性的解读不断丰富着文本的内涵。但如果将词句刻意剥离文本本身，就容易将个性解读极端化，形成只见树木不见森林的"一叶障目"式的结局，得不偿失。

将个性与共性解读在此提出，正是结合了这篇文章所表达的宗旨所为。笔者尝试将故事中的"志"与"智"贯通思考，对于所涉及的三个人物的言行就有了较为透彻的解读，同时也可透此一斑描述对于"个性发展与群体教育"之矛盾与统一认识全貌。

读教材——认识教学文本之价值取向

首先要确立的是，教师对文本的解读是立足于教学行为本身的，而教材的编排是有体系的内容安排和价值取向的，无论在后期教学过程中如何个性化处理，教师都必须先从教材的角度进行解读。作为整个小学阶段最后一篇文言课文，编者将其安排在第五单元，其主旨为告知"科学发现的机遇，总是等着好奇而又爱思考的人"。语文要素则强调了"体会文章是怎样用具体事例说明观点的"训练。安排的内容有：《文言文二则》（《学弈》《两小儿辩日》）、《真理诞生于一百个问号之后》、《表里的生物》、《他们那时候多有趣啊》，从过往至未来。由此我们来看《学弈》，不难发现，此篇提出了人类进入科学研究的第一要素——专心致志。故事本身只是为了具体说明"虽与之俱学，弗若之矣。为是其智弗若与？曰：非然也"。明确的理论在原著中表示为"不专心致志，则不得也"（下文有述）。

任何理论本身都是难以穷尽理论者之思想的，而举例说明都是理论阐述不该却不得不为之的事情。因为任何实例都是理论本身的一次思维窄化过程，但理论的普及又必须依附于形象而直接的故事（不管是实录还是编撰）。解读故事就是努力由形象思维返回抽象的理论本身。所以，写作与阅读是作者与读者之间一个密码设置和解码的关系，个性偏离是会正常出现的状态，但就课堂教学，必然会有一个融合个性解读的过程，这才是健康的群体教育行为。

有了这样一个总体取向，再来解析文本，你会发现这个发生在几千年前的小故事放置在今日依然可见、可读、可解——这也是它成为经典的原因所在。弈秋的"志"与"智"，其成就"通国之善弈者也"既是他智力的证明，也是他的志向所在。而他的教学方法如何，我们可以做出各种推断，但这并非本篇所要阐述的重心。只是有一点可以明确：任何一个课堂的教师，"讲授"必然是一个重要形式，古今中外无一例外。

专心致志者的"志"与"智"。首先可见其"远志"：这个学生定然是弈秋忠实的"粉丝"，可能成为弈秋这样的"通国之善弈者"正是他的志向。那么有了远大的志向，必然要分阶梯来实现，每一节课知识技能的获取就是眼前的"小志",因此他"专心致志""惟弈秋之为听"——这是获取本堂课知识的一个关键途径,但肯定不是唯一途径。而此篇中要描述的正是一个理论到实例的过程:"智"高者是"专心致志"的结果,"惟弈秋之为听"是"专心致志"的一种表现。他的"专心致志"既然表现在听讲过程中,那么就可以表现在应对老师的问答上,也可以表现在与人对弈上,还可以推广到做其他任何需要他完成的事情上。由此,你就可以推断"专心致志"被抽象出来,形成了一种品质的概念。

心系鸿鹄者之"志"与"智"。文本中对其"智"起码没有持否定态度,决定来跟弈秋学棋,怎么说智力也是正常的吧,否则想来弈秋也不会收其为徒吧。那么其"志"何在?他只有散"志":也就是那种"常立志"者。何以见得?就尊重的原则来看,学弈和学射都可以视其为"志",那么他在选择进入弈秋课堂的时候,一定是"志"在学弈,而听讲过程中则心生"射"志。如果"以为有鸿鹄将至,思援弓缴而射之"算不得其"志",只是一时的开小差,那么课堂中的"志"即散了。若是这样,假如让他去学射,他指不定又生出"学庖"之志来。所以无论是相对于"立远志"的"常立志",还是听讲过程中的"意志",他都不如"专心致志"者,这是削弱其"智"的根本所在。

由此,你会发现,这个故事就是一个由"志"而定"智"的实例。然而要想更全面而透彻地了解这个故事的更深内涵,必然要去阅读其原著中的相关文字,读到与之相融的"故事群"。

读原著——实现孔孟儒家之思想传承

课堂上某篇文章的教学行为,相当于某个主题的花束欣赏,如果想真正领略花草之风采,最佳的选择就是见其整体,所以教者的阅读面越是广博,面对课堂就越从容自如,能够尊重文本、尊重学生地架设文本与学生之间的桥梁。

首先,我们可以来读学弈之例的完整篇。

孟子曰："无或乎王之不智也，虽有天下易生之物也，一日暴之，十日寒之，未有能生者也。吾见亦罕矣，吾退而寒之者至矣，吾如有萌焉何哉？今夫弈之为数，小数也；不专心致志，则不得也。弈秋，通国之善弈者也。使弈秋诲二人弈，其一人专心致志，惟弈秋之为听；一人虽听之，一心以为有鸿鹄将至，思援弓缴而射之。虽与之俱学，弗若之矣。为是其智弗若与？曰：非然也。"

仅是这样一个相对完整的片断，你就可以读到孟子所举例的目的：他是在评说齐王面对他所推行的儒家仁政的态度。此说还奉献出了一个成语"一曝十寒"，这样的现象和学弈的例子都旨在奉劝齐王必需"专心致志"于自己推行的政见，不受其他学说影响，方成"正果"。从治国的角度来说，你就不难理解"弈"重在"谋略"，而"射"重在"武略"，可见孟子当时的例证指向。而被解码后，这一切得以推广到任何"志"与"智"的关系思考上，有了无穷的意蕴。

如果依然追溯其根，还可以读一读孟子此段文字的前后章，会得到更多的启发。原著中在此篇前是"牛山之木"篇，他借牛山草木荣衰之象的分析，阐明了孔子"操则存，舍则亡；出入无时，莫知其乡"的理念，然后为了进一步说明"心"之所在，才大讲"志"与"智"的关系。这是一种理念的承继，也是一种文体的承接。

再看随此篇之后的文字，就是耳熟能详的《鱼和熊掌》："鱼，我所欲也，熊掌，亦我所欲也。二者不可得兼，舍鱼而取熊掌者也。生，亦我所欲也；义，亦我所欲也。二者不可得兼，舍生而取义者也。"则又将"弈"与"射"的取舍哲学化了。

如此贯通思考，不只读出了文本的意思，读出了文本的意义，更读出了经典的价值。

读人性——融合群体个体之矛盾对立

读文本也好，读原著也罢，作为课堂教学的文本，读人才是我们最终的指向。就这样的文本能读到怎样的"人",如何读到面对文本的"人",才是教学的规划与设计所要实现的目标。

任何一篇文章面世以后,作者就被"丢弃"了。每个人都可以从中做出极为自我的反应,哪怕是那种"没有自我"的复制别人理念的行为也是一种很自我的选择。教学过程中我们必须看到一个个自我,同时也要将其汇入群体。健康的群体思维是融合个体的力量,而不是扼杀个体的杀手。

看见现象中的个性,是"人"之教育的根本。比如文本中"专心致志"者与"心有鸿鹄"者在我们课堂上是极为常见的,而且不太可能为单一的存在,也即二种特质可以同时出现在某一个人身上。阅读中,借此唤醒学生的个体体验,有利于对文本的阅读理解。比如以句式"惟(   )之为听"就可以具体写出各种师生关系来。再有"一人虽听之,一心以为(   ),思(   )"的练习,简直就是一个课堂调查问卷。这样紧贴文本的呈现,文字成了我们阅读学生个性的载体。

尊重理念中的个性,读到个性的呈现,不是为了"打压"或"纠偏",而是借此成为沟通的途径,并成为促成学生自我教育和选择的一个契机。

教学中完成"说说故事的内容"这一环节时,允许学生将自己的故事替换进去,那么在分析此写得极为传神的句子时,要求学生用自己的语言描述一下他的整个听课过程。他在个性复述和解读文本的同时也实现了自我的解剖与选择。

群体的理念是群体行为的灵魂,任何一个尊重个性的群体首先要让每个个体学会的就是像尊重自己一样尊重其他个体。倾听他人正是为了充实自己,评判他人也即评判自己。教学中借助孟子"有为者辟若掘井,掘井九仞而不及泉,犹为弃井也"的理论,利用图片和视频的方式呈现,让学生感受到,原来"道"可以如此贯通。一个人的"道"可以借助不同时代、不同载体来贯通,而一个群体的"道"可借助不同个体、不同实例来得以贯通。

　　对于传统文化，历来有精华说和糟粕说之分，看似合理。其实，正如自然界凡有生命的事物，本无其"益"与"害"之概念一样，"精华"和"糟粕"只是撷取的视角和处理方式不同所决定的。人，选择了"人"的角度来取舍，并以原本极为个性的人性去解读，分辨出来的优劣永远是符合我们"人"之群体利益的优劣。人类的"志"有多远，过程中如何"专心致志"，决定着其与其他生物相比的"智"之高下。

明"非然"之然　白"弈道"之道

——《学弈》教学设计

▶▶▶ 教学内容 ··

统编版小学语文教材六年级下册第14课

学　弈

弈秋，通国之善弈者也。使弈秋诲二人弈，其一人专心致志，惟弈秋之为听；一人虽听之，一心以为有鸿鹄将至，思援弓缴而射之。虽与之俱学，弗若之矣。为是其智弗若与？曰：非然也。

▶▶▶ 设计理念 ··

　　作为小学阶段的最后一次文言文阅读，学生已经初步具备一定的文言文语感，并掌握了一些文言文常识和学习的基本方法。所以在本次教学中，教者尝试借助学生已有的知识经验将文本的内涵以文言的方式来表达，努力贴近学生积累的学习和生活体验，帮护学生承继孟子寄托于此故事的思想。教材编写者将本单元主题设定为"科学发现的机遇，总是等着好奇而又爱思考的人"，可见《学弈》的主题不能仅局限于"求学"本身，因此教学时要回归原著的出发点，综合体现孟子举此例的初衷，开拓学生的阅读视野，同时在文本理解的基础上加强学生的思维训练，让文言阅读的价值有更立体的展现。

▶▶▶ 教学目标 ···

1. 正确、流利地朗读课文。背诵课文。

2. 借助书中的注释、查找资料、阅读感悟等方法理解重点字词的意思。

3. 理解每句话的意思，能用自己的话讲述故事的内容。

4. 借助理解课文，明白做任何事情必须专心致志才能取得成功的道理。

▶▶▶ 教学重、 难点 ···

1. 借助典型的文言句式培养文言语感。

2. 触类旁通感受孟子的思想。

▶▶▶ 教学过程 ···

课前小调查

班级里有多少学生参加了课外兴趣班？有多少学习棋类的？说说你们所知道的棋类名称。（围棋、中国象棋、国际象棋、跳棋、军棋……）

一、以"弈"入境，情趣热身

1. 古文字导入：你们知道最具中国特色的是哪种棋？（围棋）汉字中有一个字专指下棋。（出示"弈"字）

2. 解字："亦"原本指人之两腋，后用于语气词，更多的时候表示"也"的意思，在这个字里是声符，表示读音。"廾"表示两只手，这里指下棋的双方。所以"弈"就表示两个人下棋。

3. 揭题：今天我们要学习的一篇文言文叫《学弈》（板书课题），你们知道是什么意思吗？（学下棋）

4. 要想学习下棋必然要拜高人为师，在古代有一位下棋高手。（出示）

弈秋，通国之善弈者也。

（1）指名读。

（2）这个人叫什么名字？

（3）何以见得他是高手？（弈秋是全国有名的下棋高手；弈秋是全国最擅长下棋的人）

5. 讲解：古代的人名常常极富个性特点。这个人真名其实就一个"秋"字，因为他棋下得特别好，所以干脆就以"弈"与名组合来称呼他了。这种名字是一种荣耀。请大家一起读，读出这样的荣耀。

弈秋，通国之善弈者也。

比如一位姓丁的人，他的厨艺特别棒，在古代"庖"就指厨。庖子、庖人、厨师是同一个意思，于是丁姓人就有了这样一个名字：庖丁。

6. 你们能用相同的句式来夸夸庖丁吗？

庖丁，通国之善庖者也。

你们还可以用这样的句式夸夸谁？

王羲之，通国之善书者也。

杨丽萍，通国之善舞者也。

你们还可以将范围扩大或缩小，结合身边的人或者自己的特长来夸一下。

紫雨，通校之善教者也。

（　　），通（　　）之善（　　）者也。

大家在读这个句式的时候都将"之"拉得特别长，这是为什么？（突出、强调这个人的特点；引出要描述的特点……）

7. 集体读：弈秋，通国之——善弈者也。

▶▶▶ 设计意图 ·····································

由兴趣入手进入文本，再借助兴趣贴近故事人物，目的在于将读与感紧密结合，自然而有情趣地将文言文的运用与现代信息进行了关联。

二、循"义"定音，字正腔圆

1. 过渡：我们来看看这样一位围棋高手老师的课堂。出示要求：自由朗读课文，借助拼音读准字音，读准句读。

2. 朗读交流。

（1）指名读准生字：弈 惟 鹄 俱 援 射 弗 矣 缴 诲

（2）分辨多音。

与

yǔ 虽与之俱学，弗若之矣。（跟、同）

yú 为是其智弗若与？（文言中与"欤"相同，表示疑问的语气）

为

wéi 其一人专心致志，惟弈秋之为听。一人虽听之，一心以为有鸿鹄将至，思援弓缴而射之。（前"为"表示强调，加深"听"的专心程度；后"为"表示认为、觉得的意思）

wèi 为是其智弗若与？（因为，意在分析学习效果不同的原因）

3. 读准句读，重点指导。

其一人/专心致志，惟/弈秋之为听；一人/虽听之，一心以为/有鸿鹄将至，思/援弓缴/而射之。

4. 初步印象：故事中有几人？说说你们的初步印象。（任由学生简单陈述）

5. 指名分读：一师，一人，一人（评）。

▶▶▶ 设计意图 ·····································

书不读透不开讲，如何读透？字音、句读是文言朗读的基础。对于多音字，不仅要知其然，更应该知其所以然，读音与释义必须相辅相成。分配朗读旨在利于角色的感受与评析。

三、依"文"解词，知行合一

1. 出示再读要求：认真朗读课文，借助注释尝试理解句子的意思。

2. 交流。

（1）谈书边注释。你们可以借助哪些注释尝试说句子的意思？（学生自由交流）

检测：然——这样

请从下面选择与"非然也"中的"然"意思相同的词句。

A. 自然而然　B. 然而　C. 不知其所以然　D. 不以为然　E. 果然

（相同者：C　E）

（2）你们觉得书上的注释中哪一个是需要提醒大家特别注意的？

惟弈秋之为听：只听弈秋的教诲

对比后有何发现？——句子中词语的顺序不同。

谁是这个"捣蛋鬼"？——之

这个"之"将所听的对象（人）特意提到前面来，表示强调。这里强调这个学生所有的心思都在听"弈秋"的讲解上。那么，如果是一位认真听孔子讲课的学生；就可以怎么说？

惟孔子之为听。

认真听紫雨老师的课——惟紫雨之为听。

专心听妈妈说话——惟母之为听。

选一个你特别喜欢听 ta 说话的人，同桌互相交流一下。

（3）"之"在文言中最常用的就是代指某个人或事物。比如注释中的：

虽与之俱学，弗若之矣。

之：他，指专心致志的那个人。

请说说下面的"之"又分别代指什么？

一人虽听之，一心以为有鸿鹄将至，思援弓缴而射之。

前一个"之"代指弈秋的话；后一"之"代指他所想象出来的鸿鹄。

指名再读句子：此句为故事中写得极为传神的一个人物，请用你们的语言描述一下这个学生的整个听课过程。

（学生说出自己对句子的理解，师及时引导）

如果说前面那位学生用"专心致志"来形容的话，那么你们会用哪个词语来形容这个学生？

（一心二用、三心二意、心不在焉、心猿意马……）

其实每个做过学生的人都有过开小差的经历，你们有过吗？

（自由发言）

你们能按下面的句式来说说自己某次开小差的经历吗？

一人虽听之，一心以为（　　　　　），思（　　　　　）。

▶▶▶ 设计意图 ·······························

六年级的学生已经具备了一定的理解词语的能力，要充分利用和发挥它，以激发学生学习的主动性。而对于本课极具文言特色的词语"之"的理解，教学中采用了"捣蛋鬼"的说法，轻巧地讲明了"宾语前置"的句型特色，在学生复习感受"之"的指代作用的基础上将文本理解和句式训练巧妙地融为一体。

四、明"学"之道，触类旁通

过渡：偶尔开小差在所难免，但开小差确实影响学习效果哦。出示：

虽与之俱学，弗若之矣。

用自己的话说说句子的意思。

常常有人感慨班级里某位同学特别聪明，智商特别高，果真如此吗？出示：

为是其智弗若与？曰：非然也。

此"然"是"这样"的意思，那么"这样"是指哪样？（其智弗若）

不是这样，那又是指哪样？（学习态度：专心致志—三心二意）

对读课文。

师：弈秋——

生：通国之善弈者也。

师：使弈秋诲二人弈，其一人——

生：专心致志，惟弈秋之为听；

师：一人——

生：虽听之，一心以为有鸿鹄将至，思援弓缴而射之。

师：虽与之俱学——

生：弗若之矣。

师：为是其智弗若与？

生：曰：非然也。

集体朗读全文。

请大家观看：视频（掘井）。

请结合课文谈谈感受。

《学弈》的作者孟子对此有类似的讲述，出示：

有为者辟若掘井，掘井九仞而不及泉，犹为弃井也。——《孟子·尽心上》

他还说——

山径之间，介然用之而成路，为间不用，则茅塞之矣。——《孟子·尽心下》

小结：至此，孟子给你们留下了怎样的印象？（简介孟子，资料交流）

孟子（约前372—前289），姬姓，孟氏，名轲，字子舆，战国时期邹国（今山东邹城市）人。伟大的思想家、教育家，儒家学派的代表人物，与孔子并称"孔孟"。被尊称为"亚圣"，著作《孟子》。

其实我们今天所读到的故事，只是孟子与人交流过程中所举的一个例子而已，相对完整的原文是这样的——

孟子曰："无或乎王之不智也，虽有天下易生之物也，一日暴之，十日寒之，未有能生者也。吾见亦罕矣，吾退而寒之者至矣，吾如有萌焉何哉！今夫弈之为数，小数也；不专心致志，则不得也。弈秋，通国之善弈者也。使弈秋诲二人弈，其一人专心致志，惟弈秋之为听；一人虽听之，一心以为有鸿鹄将至，思援弓缴而射之。虽与之俱学，弗若之矣。为是其智弗若与？曰：非然也。"

请你们课后认真阅读。你们能从中提炼出一个常见的成语吗？（一日暴之，十日寒之 —曝十寒）

这才是孟子最初要批判的现象。请你们写下孟子给你们的启示，可以直接评价，也可以结合实际谈一谈。

学生交流。

总结：可见，本文中学棋需要专心致志，前面所举的掘井如此，开路如此……王者对于仁政如此，园丁培育树苗如此，教师教育学生如此……但凡成功者，专心致志是其基本品质，一曝十寒必然导致失败。送一句最能体现孟子品质的名言给大家——

天将降大任于是人也，必先苦其心志，劳其筋骨，饿其体肤，空乏其身，行拂乱其所为，所以动心忍性，曾益其所不能。

——《孟子·告子下》

▶▶ 设计意图

追溯文本之根源，回归孟子之初衷，恰恰让学生得到了更为丰富的营养，使思维更开阔。掘井、开路及孟子对国政的分析都紧扣"一曝十寒"这一作风所带来的危害，转而呈现"专心致志"对于事业成功的重要性。这是一个读其叶而知其根的过程，旨在培养学生对传统经典阅读的兴趣，开启文言阅读之门……

通解古今儿童之"辨"与"辩"

——《两小儿辩日》文本解读

两小儿辩日

孔子东游，见两小儿辩斗，问其故。

一儿曰："我以日始出时去人近，而日中时远也。"

一儿曰："我以日初出远，而日中时近也。"

一儿曰："日初出大如车盖，及日中则如盘盂，此不为远者小而近者大乎？"

一儿曰："日初出沧沧凉凉，及其日中如探汤，此不为近者热而远者凉乎？"

孔子不能决也。

两小儿笑曰："孰为汝多知乎？"

这篇文章是语文学科的经典篇目，它可谓人文性和工具性统一体现的典范。短短119个字的内容涵盖极丰，涉及语言、常识、逻辑、哲学诸多方面，使人百读百味，回味无穷。首次进入小学语文教材，就教学行为本身出发该如何解读？笔者认为当从题眼"辩"字入手。"辩"中之"辛"本义指錾凿一类的工具，也用作黥面的刑具，也即传说中的"剞劂（曲刀）"。两个"辛"组合而成的"辡"即表示用工具"剖开、分开（事物）"的意思。因所分事物有对比进而出现"刂"，有了"分辨"之"辨"。继之有了言语之"争"，随之出现"辩"。另有"辮""瓣"等字

皆可同理解说。就行为来说，"辩"是过程，"辨"是依据也是目标：有
"辨"才有"辩"，有"辩"才有"辨"。

理念之"辩"与"辨"

解读此文必须追溯到其源头，此篇选自《列子·汤问》。列子，名
寇，多称其列御寇，是战国前期的郑国人。谈及道家，大多第一反应是
老庄，其实列子正是介于老子与庄子之间的一个人物，对于道家理念的
承前启后起到了非常重要的作用，无论是文学、哲学还是教育方面都自
成一家学说，被列为先秦天下十豪之一。其理论对后世哲学、美学、文
学、科技、养生、乐曲、宗教等方面影响非常深远。也许你没有完整地
看过列子的书，但一些故事定然耳熟能详：高山流水、夸父逐日、愚公
移山、杞人忧天、歧路亡羊、疑邻盗斧、余音绕梁、纪昌学射、齐人攫
金……皆出自《列子》。现仅聚焦其汤问篇解读其一路传承的理念。

1. 两小儿之"辨"与列子之"辨"

文中的两小儿无名无姓，虚构也好真实也罢，可以说是列子理念所
托之人。其"辩"之前的功课必然是"辨"。古代人对于自然现象的研究
只能依赖一种：观察。事实上无论现代有了多少先进设备和策略的介入，
此法永恒不变。两小儿为了分辨太阳与人类之间的距离，采取了不同的
观察方法，对比体悟得出了自己的结论：一个由视觉上太阳的大小推断
其远近；一个由感觉上太阳的冷热推断其远近。

"汤问"中的"汤"即殷汤，全篇所记录的是殷汤与一位被殷汤尊为
师者的贤士夏革（jí）的对话，更多的是殷汤的请教，故题为"汤问"。
虽然这两个人物历史上确有其人，有些事情也可能发生，但一切都是列
子借以传递思想的工具而已。"问"即为了有所"辨"，"汤问"即列子
如"两小儿"一样对于自然与社会的观察之得。主要讲述了两个问题：
一个是关于物质的有无和先后问题；一个是关于天下的至理均衡问题。
面对丰富复杂的客观世界，人类所"知"者远远不及"未知"者，任何

人的知识与智力都是有限的，至今没有将来也不会有人能对道、对物、对宇宙做出全面的认识和彻底的了解。但这并不影响人类不断地把感性认识和理性认识都集中起来去感受、分辨、认识世界，乃至探索、追求与世界的相处之道。这也即列子在此篇中尝试传递的理念。

2. 两小儿之"辩"与列子之"辩"

春秋战国时期百家争鸣的历史局面正是诸多先贤积极观察、分析、言说的结果。他们会以各自的方式来论证自己的研究与发现，推行自己的理念。文中的两小儿之"辩"正是当时诸子百家之"辩"的一个缩影。面对相同的"太阳"，他们各有所得，各执一词，无法定论，又自圆其说，自成一家。

对于物质的有无、大小、长短、同异、先后等至理均衡的研究自不必说，"终北国"的近乎"共产主义"的状况描述体现了对社会发展的思考；辄木、炎人、仪渠这些国家那些令人咋舌的风俗可见孔子对各地民俗的研究。扁鹊给公扈、齐婴两人做换心手术的故事何尝不是给现代医疗的一种启示？詹何受蒲且子之弋"弱弓纤缴"的故事启发而研究出"独茧丝为纶，芒针为钩"的垂钓方法，进而悟出治国之策以献楚王。来丹以孔周的"不能杀人"之剑为父亲报仇而砍杀仇人黑卵父子，谁能说这"剑气杀人"之说没有对金庸有所影响呢？更有偃师"造能倡者"而献于周穆王，所记"能倡者"绝不亚于现在的高端仿真机器人。仅就学习方面，师文向师襄学琴表明了"功在琴外"的至理；造父习御重在基本功的训练；薛谭学讴于秦青体现了"学无止境"；韩娥余音绕城（梁）三日不散足见什么叫"炉火纯青"；伯牙、锺子期的知音故事讲透了艺术鉴赏之美妙；纪昌学射的故事在勤学苦练之外、技艺比拼之余更多了一层对人之终极追求的思考……而《两小儿辩日》则是来自列子对于宇宙的观察与追问，另外还有《夸父逐日》的传说也是对于太阳的研究与想象，又可见其思想对天文学的触及。

3. 那个时代之"辨"与"辩"

逐日也好，辩日也罢，在那个时代，只能将其归整为一种精神。孔子自然是儒家之象征，列子让两小儿"为难"孔子，一来是如诸多学说一样，借以嘲讽一下儒学；二来也可以真诚地表现世间没有无所不知的"圣人"。"孰为汝多知乎?"——谁说你是非常有智慧的人呢?! 当时，就日之远近这样的问题"孔子不能决也"，列子也不能决，诸子都不能决。但他们各执己"辨"，然后据理与他人作"辩"。要想在当时榜上有名，必须有这两项基本功：精细观察世界之"辨"，树立弘扬自家学说之"辩"。

而人类文明正是如此一步步进展，一步步破而立，立并于"辨"与"辩"之间循环往复，这正是此文的经典价值所在。

价值之"辨"与"辨"

"科学发现的机遇，总是等着好奇而又爱思考的人。"这是教材编写者对文章所在单元的一个统领理念。那么，统观全单元，会发现从"汤问"中抽取出来的《两小儿辩日》在此所担当的角色和义务。

1. 好奇、探究之"辨"

作为生命之初的儿童，好奇是可贵的一种心态。诸子成家，也正是心怀这样的"赤子之心"：对世界充满好奇，并尽力去探究，去思考，去辨识。打开本单元，你会发现几乎每篇课文中的故事都是由对身边的人和事的"辨识"开始的：《真理诞生于一百个问号之后》中的英国化学家波义耳之于紫罗兰，德国气象学家魏格纳之于世界地图，俄裔美国睡眠研究专家阿瑟林斯基之于睡眠中的儿子，都是由些微中的辨识进入了自己专业研究的顶峰，冯至的好奇心引导他发现了"表里的生物"；艾萨克·阿西莫夫则以在 2155 年回顾的形式记录着爷爷的爷爷是个小学生的时候的学习状况，未来世界的玛琪同样有着诸多的好奇，一切追寻令她发出由衷的感慨——"他们那时候多有趣啊"！

无论是面对人之外的世界，还是人之本身的体内，无论是大胆想象中的未来，还是已经成为历史的过去，都可以成为我们辨识的对象，只要保持这份好奇之心和探究的精神，定然会获取不一样的结论。遥远的太空对于人类至今仍然是一个谜，几千年前人类就已经对其着了迷。两个学生，都已经关注到这个地球万物都离不开的太阳，他们各自的体会并非一刻形成的：他们天天与太阳相见，日日感受太阳的形体与温度，也就逐步形成了自己的判断。

2. 观点、个性之"辩"

人一旦有了自己对世界的认识，形成理念，必然要在适当的时机表达出来。两个学生对于太阳的远近原本都已经有了自己的判断，而相遇的时候，发现自己的观点并不为他人所认同，于是有了"辩斗"。

"辩"是一个极为个性的行为。与其他好奇、探究走向不同的是，它必然有一个甚至多个"对手"。这就决定了其必须追求一个胜负：得说服和驳斥别人，让人认同自己的观点。于是教材在本单元安排了一次"口语交际"训练，主题就是"辩论"。这就使得《两小儿辩日》中的言语教学有了"用武之地"。训练从如何选择"辩题"，到正反两方观点的确定，以及辩论技巧、策略的提供这三个方面作了一次"辩论"的实战安排。而这样的操作在《两小儿辩日》中均有体现，在教学过程中来一次指向"口语交际"的阅读教学显然是必要的。

3. 发明、创造之"辨"

本单元中其他课文中都可见"科学"的成就。石蕊试纸的发明、"大陆漂移学说"的诞生、脑电波对梦境的影响、铁路建设中"人"字形线路的创举、对未来学习生活的想象……唯独《两小儿辩日》似乎是个没有结局的故事。

从语文的角度来说，同期的有《夸父逐日》，后期相关故事层出不穷，最"儿童"的莫过于《世说新语》所记载的趣闻。

晋明帝数岁，坐元帝膝上。有人从长安来，元帝问洛下消息，潸然流涕。明帝问何以致泣？具以东渡意告之。因问明帝："汝意谓长安何如日远？"答曰："日远。不闻人从日边来，居然可知。"元帝异之。明日集群臣宴会，告以此意，更重问之。乃答曰："日近。"元帝失色，曰："尔何故异昨日之言邪？"答曰："举目见日，不见长安。"

细读后，不难发现其辨析方式与《两小儿辩日》如出一辙，也即单元语文要素提出的"用具体事例说明观点"。晋明帝论日之远近与两小儿一样，有理有据，但却得出截然相反的结论。这里不只是汉语的一种表达方式，更有着正确的辩论思维。

正如单元主题所言，科学发现只与好奇而又爱思考的人相遇，关于太阳的追问可谓人类存在以来永恒的话题。西方哥白尼提出了"日心说"，取代"地心说"的过程是何其漫长，这漫长的过程中又有多少人的好奇、追问和探索自不必说，仅"太阳到地球的距离"这样的话题，提出的价值又何尝小于如今科学检测的结果？因为没有提问，哪里有解答？

由此衍生出许多测量太阳与地球距离的实验。太阳与地球的距离不是直接测量出来的，而是利用间接的方法算出来的。最经典的是四百多年前天文学家哈雷（最早算出哈雷彗星的轨道）提出的金星凌日法；另外根据光的传播速度也可以推算出太阳光到达地球的时间，由此得出太阳和地球的距离为 0.0000158 光年……这样的探索仍在继续。

言语之"辩"与"辨"

虽然教材只是个例子，但教学必须回归到文本本身。就这篇文言而言，以"辩"为主题，做好三个层面的辨识，也即完成了阅读教学之任务。

1. "辩"题之"辨"

两小儿之辩题是显而易见的：日去人之远近——太阳与人类（地球）距离的远近。两小儿所执之观点不同：一儿认为"日始出时去人近，而日中时远"；一儿认为"日初出远，而日中时近"。

在亮明自己观点的时候，两小儿的句式是同中有异。基本结构是相同的，都是先说清晨日出时的情景：一以"始出"表示，一以"初出"表示，六年级学生一读就明白。而句中的"去"字，当要与日常的"去"相区别。现代汉语中"去"是个极为常用的字，常见的意思有："从某个地方到另一个地方"，相对于"来"，如"去成都了"；离开，如"去世"；除去或除掉，如"去去火"；失去或是失掉，如"大势已去"……另外，它在口语中的意思更是丰富。此处指"距离"，在现代汉语中较少使用，比如"两地相去不远"。文中"指太阳刚出来的时候距离人类近一些"。

另外一个文言的现象可引导学生在品读过程中体会。这两小儿表明观点的话，如果按现代汉语要求将句子规范地说完整的话，应该分别是："日始出时去人近，而日中时（去人）远"和"日初出（去人）远，而日中时（去人）近"。因为前面有了一个"去人"，后面的就都省略了这两个字，读起来并不影响理解。

2."辩"法之"辨"

观点的对应式继续表现在论据的阐述中。

一儿曰："日初出大如车盖，及日中则如盘盂，此不为远者小而近者大乎？"

一儿曰："日初出沧沧凉凉，及其日中如探汤，此不为近者热而远者凉乎？"

这样的句式结构完全相同：先说明日出时观察所得，继而说明日中时观察所得，最后亮出思维推理过程，完成自己的论据表达。而且都采用了辩论中常用的反问句式，以强烈的语调明确自己的观点，激发对方的思考。

不同的有两点。其一是观察方法的不同。一儿所用的观察方法是看：以大小判断远近；一儿所用的观察方法是感觉，以冷热判断远近。

其二是言语修辞的不同。视觉观察直接用比喻说明："日初出大如车盖"——刚出来的太阳就如同车上的圆形篷盖一样硕大;"日中如盘盂"——到了正午的太阳就如同(餐桌上的)盛饭菜的盘子、盂钵。而触觉观察则用了直接描述感受来说明:"日初出沧沧凉凉"——太阳刚出来的时候整个大地一片寒凉;"日中如探汤"——到了正午时分,整个大地就像是沉浸在热水里一样。

当然,现在看来,这样的推断是幼稚甚至有点可笑的,然而,在几千年前,提出如此客观的科学理论推测,可谓是一种创举。因为在文中,太阳完全摆脱了"神化",而进入了"物化"的理念。

3. "辩"论之"辨"

从言语学的角度来说,两小儿的辩论过程是完整而完美的。他们的"辩斗"是想得到一个关于"日去人之远近"的结论。他们拥有自己的结论,但这理论显然只是自己的。虽然据理力争,却无法说服别人来认同自己的理论。

从人文意义上(或是从列子的角度)来说,两小儿的辩论并非全篇,由此而派生的论题其实还有很多,其中列子明确提出的是"孰为汝(孔子)多知乎"。读此文的我们又要"何以决日之远近"。了解文章背景的你是否又在思考"列子与孔子孰知"?发散你的思维,以"日"为题,以"孔子"为题,以"列子"为题,以"文言"为题,以你所遇到的一切人、事、物为题,可进入一个无穷无尽的探寻之中。

当我们回归到语文课堂的时候,言语的表达之于人类文明进程之重要必是首位的。语文之所以为基础学科之基础,是因为在任何一个领域的研究与探索、实践与结论中,语言永远是极为重要的呈现方式。因此,这篇课文的教学必须追溯汉语根脉之解读,综合单元编排之思考,放眼未来思辨之训练,才能实现其"种子"的价值。

"辨"而有识　"辩"而有法

——《两小儿辩日》教学及口语交际训练

▶▶ **教学内容** ··

统编版小学语文教材六年级下册第 14 课及单元口语交际训练"辩论"

两小儿辩日

孔子东游，见两小儿辩斗，问其故。

一儿曰："我以日始出时去人近，而日中时远也。"

一儿曰："我以日初出远，而日中时近也。"

一儿曰："日初出大如车盖，及日中则如盘盂，此不为远者小而近者大乎？"

一儿曰："日初出沧沧凉凉，及其日中如探汤，此不为近者热而远者凉乎？"

孔子不能决也。

两小儿笑曰："孰为汝多知乎？"

▶▶ **教学目标** ··

1. 正确、流利地朗读课文，背诵课文。

2. 联系上下文理解重点字词的意思，能连贯地说说故事的内容。

3. 通过阅读不仅明白两小儿的辩论观点，还要学习他们观察事物并阐述自己观点的方法。敢于向权威挑战，提出自己的质疑。

4. 将文本内容延伸为口语交际"辩论"的主题训练。

▶▶ 教学重、 难点

1. 感受《两小儿辩日》整个故事的内容及其思想。

2. 学习并运用辩论的方法进行辩论。

▶▶ 教学准备

1. 教者对《列子·汤问》形成背景及其主要学说与观点有所了解，掌握较为完整的辩论指导体系。

2. 学生在已有的文言文阅读基础之上，具备一定的搜集并处理资料信息的能力。班级学生具有分组合作学习的习惯。

▶▶ 教学过程

第一课时

一、识字揭题,感受"辩"之本真

1. 识字导入。（出示甲骨文 ）

这是一个什么字？你们知道它的原意吗？"辛"本义指錾凿一类的工具，也用作黥面的刑具，也即传说中的"剞劂（曲刀）"。那么两个"辛"放在一起的"辡"又表示什么意思？表示用工具"剖开分开（事物）"的意思。所分开的事物可能有大小之分（板书：刂），需要分辨一下，于是就有了——"辨"。（补充：分辨由开始的大小发展到后来的优劣、好不好、正反等）

将丝线、发丝分成一缕一缕就有了"辫"；将瓜果分成一块一块就有了"瓣"。那么人为了表达不同观点的言语又使之出现了什么字？辩。（板书）

2. "辩"字书写指导：注意三部分要紧凑，左右"辛"字笔画的变化与高低。

3. 揭题：今天我们要学习的一则文言小故事就是《两小儿辩日》。

（板书课题）请你们仔细读题，从题目中你们知道了哪些信息？

辩论的人物：两个小学生；辩论的主题：与太阳相关。

二、初读课文，完善"辩"之信息

1. 请朗读课文，初步感受，你们还得到了哪些与"辩"相关的信息？

辩论双方：两小儿（为了区别可用"甲儿、乙儿""一儿、另一儿""A 儿、B 儿"）

辩论主题：太阳与人类（地球）之间距离之远近。

听辩者：孔子。

记录者：列子。

2. 指名朗读课文。（字音、句读指正）

三个"为"：前面两个"为"做"因为"讲，后一个"为"即"谓"，所以都读"wèi"。

长句句读：

此不为/远者小/而近者大乎？　此不为/近者热/而远者凉乎？

3. 说说你印象中的"小儿"和"孔子"。（自由评说）

小儿：好奇、好问、好思、好学、好辩、好斗……

孔子：（结合资料）

读此故事，与你们之前的印象有了哪些吻合与不同？

三、再读课文，咀嚼"辩"之趣味

1. 出示要求：请你们再读课文第 2~5 自然段，感受两小儿所辩论的内容，说说自己的理解。

2. 理解交流。

（1）字词理解。

①借助书上的注释理解词语。

②重点理解"去"。指"从某个地方到另一个地方"，相对于"来"，

如"去成都了";离开，如"去世";除去或除掉，如"去去火";失去或是失掉，如"大势已去"……另外"去"口语中的意思更是丰富。而在本文却是指"距离"，在现代汉语中较少使用，比如"两地相去不远"。文中指太阳刚出来的时候距离人类近一些。

（2）句子结构。出示句子：

日始出时去人近，而日中时远。

此句完整的结构：日始出时去人近，而日中时（去人）远。依此，另一儿所说句式应该是什么？——日初出（去人）远，而日中时（去人）近。

说明：因为前面有了一个"去人"，后面的就都省略了这两个字，读起来并不影响理解，这是汉语中一个常用的方法。

（3）修辞手法——比喻。请你找出句中的比喻。出示：

日初出大如车盖，及日中则如盘盂。

日初出沧沧凉凉，及其日中如探汤。

第一句从视角感受上运用了比喻，分别将初升的太阳和中午的太阳比作车盖和盘盂。第二句则从人体感受上将中午太阳的温度比作探汤的热度。

（4）辩论语气——反问。

此不为远者小而近者大乎？

此不为近者热而远者凉乎？

读出反问的语气。辩论中的反问一是因为要强调自己的观点；二是要激发对方的思考。

四、三读课文，演绎"辩"之精彩

1. 朗读训练。同桌互为两小儿，阅读辩论内容。

2. 集体训练。分组进行朗读。

3. 表演展示。推荐两名同学上台进行辩论表演。（适当加上肢体表演）

五、四读课文，发散"辩"之思维

1. 归纳：同样是每天都能感知到的太阳，两小儿却得出了截然不同的结论，你们知道是为什么吗？（观察的方法不同：视觉——大小、触觉——冷热）

2. 按照这样的直接观察方法，你们还有哪些补充？（听觉——强弱、视觉——色彩不同、视觉——长短……）

3. 你们能模仿这两小儿以"日落"与"日中"之远近表明一下你们的观点吗？

学生模仿，交流。

一儿曰："我以日落时去人近，而日中时远也。"

一儿曰："我以日落远，而日中时近也。"

一儿曰："日中色淡近白，及日落则色艳如血，此不为远者淡而近者艳乎？"

一儿曰："日中影短物数倍，及日落则影长物数倍，此不为近照而影短而远照而影长乎？"

孔子不能决也。

4. 朗读交流，模拟辩论。

5. 在古代，关于太阳之远近还有一个与两小儿相同的角度、相同的比照，却得出不同结论的故事。

晋明帝数岁，坐元帝膝上。有人从长安来，元帝问洛下消息，潸然流涕。明帝问何以致泣？具以东渡意告之。因问明帝："汝意谓长安何如日远？"答曰："日远。不闻人从日边来，居然可知。"元帝异之。明日集群臣宴会，告以此意，更重问之。乃答曰："日近。"元帝失色，曰："尔何故异昨日之言邪？"答曰："举目见日，不见长安。"

——《世说新语》

说说你们的感受。（学生自由表达）

6. 小结：看，同样是对太阳的观察，你们所选择的体验角度不同，得到的结论也会不同。这些发问，也许你们觉得很幼稚，甚至可笑，但正因为有了这样的疑问和辩论，人们尝试了许多测量太阳与地球距离的实验。到了科技发达的今天，人们对于太阳与地球的距离已经有了科学的测量方式。

太阳与地球的距离不是直接测量出来的，而是利用间接的方法算出来的：最经典的是四百多年前天文学家哈雷（最早算出哈雷彗星的轨道）提出的金星凌日法；另外根据光的传播速度也可以推算出太阳光到达地球的时间，由此得出太阳和地球的距离为 0.0000158 光年……

人类就是在这样观察、疑问、研究、辨析、发现中不断进步的。

六、通读全文，感受"辩"之个性

1. 这篇文章选自《列子·汤问》，在这本书里，还有诸多探索性的问题和讨论。（出示相关资料）

列子，名寇，多称其列御寇，是战国前期的郑国人。他是介于老子与庄子之间的一个人物，对于道家理念的承前启后起到了非常重要的作用，其理论对后世哲学、美学、文学、科技、养生、乐曲、宗教等方面影响非常深远。

《列子》：列子的著作。出自该书的耳熟能详的故事有：高山流水、夸父逐日、愚公移山、杞人忧天、歧路亡羊、疑邻盗斧、余音绕梁、纪昌学射、齐人攫金……

《汤问》中的"汤"即殷汤，全篇所记录的是殷汤与一位被殷汤尊为师者的贤士夏革（jí）的对话，更多的是殷汤的请教，故题为《汤问》。

2. 列子为何安排孔子来面对两小儿的辩斗？

（诸子百家争鸣的背景、对孔子的挑战、人非圣贤的观点……）

七、主题延伸，储备"辩"之资本

1. 由本课你们得出了怎样的结论？——孔子并不多智。

2. 你之前对于孔子的印象——圣人、智者……

3. 对于孔子，大家出现了两种看法——①孔子为智者。②孔子并非智者。

4. 作业：班级分成正反方两个组，抽签选择辩题，作好资料搜集工作。下节课我们进行一次孔子主题辩论。

第二课时

课时内容

口语交际——孔子主题辩论。

教学过程

一、话题延伸，明"辩论"之义

1. 学习《两小儿辩日》之后，我们得出了对孔子的两种不同评价：①孔子为智者。②孔子并非智者。面对这样的问题，我们应该怎么办呢？有什么好办法可以让大家全面地看待事情、处理问题？对，展开一场辩论是一种非常好的方法。

2. 揭示并板书课题——辩论，理解辩论。课件出示：

"辩"的本义："辩论，申辩"；"论"的本义：言明条理。辩论则指彼此用一定的理由来说明自己对事物或问题的见解，揭露对方的矛盾，以便在最后得到共同的认识和意见。

3. 今天，我们口语交际活动的形式就是辩论。

二、回顾实例，得"辩论"之法

1. 引入课文创设实战，渗透"辩论"之要素，提炼要点。

首先我们来回顾一下《两小儿辩日》中辩论的过程（出示 2 - 5 段），仔细学习辩论之要素，对应确定自己的任务。

第一要素：正反两方——根据上节课抽签决定。

第二要素：观点鲜明——树立明确观点。

正方：孔子为智者。反方：孔子并非智者。

第三要素：论据充分——事实胜于雄辩，论据来源：①资料搜集，来源故事、典籍记载、不同角度的观点；②主观观察与分析；③逻辑推理；④言语表达，一方面阐述自己的观点，另一方面反驳对方观点。

2. 言语技巧探讨。

辩论是一种你来我往、针锋相对、唇枪舌战的口语交际形式，因此，我们要讲究一些辩论技巧。《两小儿辩日》教了我们几招？

学生畅所欲言后教师随机总结提炼要点：要善用事实论据来辩论；辩论语言需生动，句式可多样；巧妙反问击败对手；认真倾听更能针锋相对……

求援方式：名家理论，可以让论据更有说服力，也是一种辩论技巧。

3. 总结板书：善用事实论据；语言生动、句式多样；认真倾听、针锋相对；活用、巧用名言警句……

三、团队协作，蓄"辩论"之势

1. 有效分组，明确要求。两个小组集体评议，推荐四位辩手。组内成员分工：分别为辩手一、二、三、四，同时每组推选一名主辩手，一名评判员。

2. 组内交流，共同合作。分组整理出小组发言的提纲和重要论据。学生小组交流发言，整理材料。教师课堂巡视，进行相应的指导和点拨。选择正反方提纲中的某一点，简要评价，指导学生继续修改完善。

正方策略要点

可以从儒家学说、儒家弟子几千年来对中国人生活理念、思维方式等诸多方面的积极影响来阐述。

孔子言行：求学、游说、执政、教学……

弟子传承：三千弟子七十二贤人的成就。儒家学说：《孟子》《荀子》《传习录》《朱子大全》……

中国礼仪之邦之美誉、中国人的优良传统。孔子的至理名言。孔子的国际声誉。

反方策略要点

借助春秋战国时期诸子学说的诞生、百家争鸣的繁荣背景，搜集各个流派出于对于孔子的驳斥而编写的许多相关故事。

儒家学说中一些陈腐观念。《两小儿辩日》中孔子的"不能决"。诸如《庄子》中关于盗跖反驳孔子的言论借鉴。诸子百家关于孔子向他人求教的言行。置于现代背景下孔子诸多观念的消极影响。

四、唇枪舌战，行"辩论"之实

1. 辩论开始，出示评判要求。

一、观点明确，主题鲜明。

二、论据充分，有理有据。

三、语言规范，有礼有节。

四、声音响亮，仪态大方。

根据同学们的表现评出最佳辩手，以及机智奖、礼仪奖、口才奖等三个单项奖。有请每组的评判员入座评判席。

2. 辩论过程，体现团队风貌。

（1）主辩手发言前做好倾听指导：相同观点的主辩手在发言时，其他辩手可以记录关键词，在轮到自己发言时可以为前一位辩手补充，如有重复论据则可以不讲，及时调整发言内容。同时当正反方第一位辩手完成发言时，教师进行点评，指出优点，同时也指导不足，为下面的辩手的辩论做好铺垫。

（2）正反双方进行轮替式自由发言。学生自由发言前做好倾听指导：首先，听不同观点的辩手发言时要记录关键词，轮到自己发言时可以抓住漏洞进行反驳；其次，当主辩手发言时，其他组员可以随时把自己想到的辩论语句写下来递给主辩手让他充实发言内容。由于学生年龄小、能力有限，教师此时要做好现场调控，针对可能出现的问题进行预设。如辩论语言过激，要强调有理还要讲礼；如辩论跑题，要及时提醒本次主题；若出现一方沉默不会反驳时，要及时补充相关资料。

（3）最后一位辩手总结陈词：各方四位主辩手围在一起，整理资料、列好提纲，推荐一名辩手代表上台总结发言。

（4）评判员讨论后派出一位代表宣布结果及本次辩论的最佳辩手，还有各个单项奖。

五、读说合一，尚"辩论"之风

1. 主持人总结：孔子的成就已经历经几千年的验证，他是人之圣贤，但并非全知全觉的智者。中华民族对孔子的"圣化"是人类文明的传承，但绝不可以"神化"孔子，唯其是听。这就是我们本次辩论的收获。

真正辩论起来，大家都认为所给的时间太短，事实上，单靠一节课，我们只能了解辩论的大概流程。请你们就本次辩论谈谈自己的收获。

2. 交流。

活动策略：辩论前，要作充分的准备，团队成员要有协作意识。

辩论方法：辩论时，既要证明自己，又要反驳别人。

思维训练：只有平常规范自己的言语，多训练自己的表达技巧，才能有良好的语感，敏锐地洞察辩论双方的思维。

思想启示：相同主题完全可能有两个甚至多个视角的观点。尊重不同意见，敢于挑战权威，独立思考与团队交流相结合才能促使思想不断进步和提升。

3. 倡导。人与人之间的交流除了商量、探讨、请教等诸多形式之外，辩论也是必不可少的一种形式，因为生活中我们总会遇到一些容易产生分歧的问题，你们碰到过吗？电脑时代是否需要练字？是不是可以说一些善意的谎言？人们是通过竞争取得更大的成功还是通过合作可以取得更大的进步？……这些主题都值得我们去辩一辩，论一论。有时我们的辩论不在于得到最终的答案，而在于享受在辩论过程中思维碰撞的快乐。愿大家学习春秋战国时期诸子百家的那些代表人物，在认识世界的过程中不断分辨，提高自己的见识，提升自己的理念。

纵千古以立德　横八荒以树人
——谈统编教材小学文言文教学文本价值取向

2019 年教育部审定的义务教育教科书小学语文教材安排了十四篇文言文课文。中国历来提倡"文以载道"，任何语言都是民族母系之道的承载者，其"道"不仅决定着价值取向，还潜移默化地形成稳定的思维模式。面对这样深厚的文化底蕴，面对这样纷繁的时代需求，作为一名汉语言的初级传播者，应清醒地认识到汉语言纵向立德传承，横向树人以适应民族发展需求的重任。本文以小学语文教材中出现的文言课本解读为例，结合教材单元主题及语文素养训练，谈谈教学中如何呈现纵千古文章以传承立德之根本，横八荒世界以实现树人之夙愿。

人之根本——置之于"人性层面"的追溯

无论何种语言，其一切取向首位是"人"。无论政治制度如何介入，流传千古的经典永远是靠人性闪光才得以长久。所以教学中，最能自然融入学生情感和思维的肯定是与之最为贴近、最自然表现的人性。教材中有如下系列安排。生活常态中遭遇的问题：应急机智——司马光破瓮救友，理性思考——王戎不取道旁李；求学中的种种现象：苦心求学——匡衡囊萤夜读，厌学弃学——李白遇老媪点化，学习态度和方法——随秋学弈的两个学生的对照；还有对艺术的追求：实践与真知——笑论戴嵩画牛之牧童，艺术创作与欣赏——俞伯牙与锺子期的故事。面对人的话题，只要从个体特性与群体文化的角度入手，就可以轻松切入人性层面。

1. 场景中的"人"

人之特性必然是在特定的时与境中显现出来的。《司马光》和《王戎不取道旁李》都是于"群儿"形象中凸显出了司马光的应急机智和王戎的推理能力。教材编写中不同的安排组合赋予了其更丰富的内涵。

《司马光》一文中"光持石击瓮破之"可谓整个故事的高潮，也是司马光品质的集中体现。"持""击""破"，一气呵成，干净利落。从中国传统文化对于人物塑造的惯例来分析，"破瓮救友"所影射出的正是司马光日后处理人际关系、突发事件的品质源头。史料记载，庞籍采纳他的建议后获罪，司马光就曾"三上书自引咎，不报。籍没，光升堂拜其妻如母，抚其子如昆弟"。可见其勇于担当、为友排难之胸襟。

本文所在单元所提出的主题"美好的品质，犹如温暖的阳光，带给我们希望和力量"又将其智慧放大了。综观单元课文中人物的"智"都是为他人的：《灰雀》给人以积极的影响；《手术台就是阵地》更是国际主义的范例；"日积月累"中罗列了诸子的"为他人"观。在这样的编排照应下，"急中"所生之"智"的格局就大了许多。

《王戎不取道旁李》中王戎之于"竞走取之（李）"的诸儿，真可谓"时光"淘沙后留下的"俊杰"。小小年纪理性分析能力之强，远非常人可比。而王戎的原貌并非如此单薄，《世说新语》中还有一个王戎观虎的小故事，以及他与李子的其他故事，综合思考可知王戎对"道旁李苦"之推断绝不是仅仅凭"树在道边而多子"所得。

在特殊场景中所闪现出来的品质，最好的方式就是将学生带入到司马光和王戎所在的场景中。如朗读中安排这样一个环节。

根据你的想象表演朗读"持石击瓮破之"，持石（学生动作），击瓮（学生动作）——没破。再来持石——学生动作。击瓮——学生动作用力——站立！可能要砸几次，来读一读：砸几次就重复几次"持石击瓮"，最后"破之"。

这样的朗读，既有了语言的训练，更有了救人情境的再现，学生于游戏中被滋养。

2. 求知中的"人"

求知，是"人"标志性的文明行为。关于求知，教材中有《囊萤夜读》《铁杵成针》《学弈》。故事里的情境不只是出现在不同的人身上，还有可能出现在同一个学生的不同阶段。所以此类文章最为有效的学习方法就是帮助学生唤醒在"文中"的自己，结合自己的求知状态，挖掘自己可能成就"伟业"的潜能。教师要他们告知"没有伟大的品格，就没有伟大的人，甚至也没有伟大的艺术家，伟大的行动者"，让他们积极地相信"科学发现的机遇，总是等着好奇而又爱思考的人"，从而树立正确的学习观。这样宏观的理念可以在一种引读中实现：

请用文中原话回答。

问：车胤是个怎样的人？

答：恭勤不倦，博学多通。

问：他的家境如何？

答：家贫不常得油。

问：夏天他想了什么办法来"做灯"？

答：练囊盛数十萤火

问："做灯"的目的是什么？

答：以照书，以夜继日焉。

3. 艺术中的"人"

六年级上册第七单元围绕艺术主题，开篇安排了《伯牙鼓琴》《书戴嵩画牛》，随后有《月光曲》和《京剧趣谈》，加之"口语交际"的"聊聊书法"，"日积月累"中与艺术相关的成语积累，可谓琴棋书画齐全了。两篇文言文所传递的恰恰是在艺术过程中"人"的感受和状态。

曲高和寡是艺术现象，《伯牙鼓琴》即为典型。但从语文的角度来读，恰恰要将故事从艺术层面拓展开去，及至人性层面：无论从社会地位、文化素养、道德品质诸多层面上将人划分出多少类型来，每个人都有被理解的渴望。只不过不同类型的"知音"之间密码设置和解析的方式不同而已。而多个层面阅读的推介是对这种民族特有意象最好的感悟，因此教学中不仅有《高山流水》乐曲的介入，还有不同版本文言及话本的阅读，收到了非常好的效果。

《书戴嵩画牛》紧紧围绕艺术作品《牛》而呈现了不同人物对于艺术的不同视角和感受。依序出场：绘画者戴嵩、收藏者杜处士、笑评者牧童、笔记者苏轼。所以教学中，可以让他们直接与画作面对面，从艺术修养层面去感受他们的行为，无疑是一次审美教育。例如故事中的两位主角杜处士和牧童，都"笑"过："牧童见之，拊掌大笑""处士笑而然之"。这两种"笑"内涵不同：牧童之笑，直指其"谬"。而处士之笑并未言明，虽有"然之"表示对牧童意见的认可："尾搐入两股间"确实是牛斗之状态，因此，此为鼓励的笑。然而事实上牛也会"掉尾而斗"，处士是否知道，未说，就"所宝以百数"的收藏家来说可知可不知。若真知其有，而不像牧童那样轻易地"笑"其"谬"，则足见其修养之深。可见这艺术作品正是一块试金石，试出了牧童的率真，试出了处士的修养。

德是人之显，立德先见人，发现不同背景下的人，自然会找到立德之途径。

文化提炼——置之于"民族传统"的承继

一个民族的凝聚力主要表现在文化上。文化典籍中包含着民族发展的隐性目标、人文精神、情感体验、价值取向等诸多方面的传承。传承的过程是一个汲取并提炼的过程，必须遵循发展规律和时代的需求。

1. 承继中的血脉相连

对于传统文化传承最为显性的方式就是阅读，对内容和情感通过阅读来体验和感悟，从而受到文化和审美的熏陶。《古人谈读书》录入了孔子与朱熹两位儒家代表人物关于读书的言论。孔子的六句话是人生求学的阶梯：知无知而后好学，学不厌而知来处（好古），求学自当精益求精，方得进取。朱熹直接给了方法：读书必须有三到。本单元以引用苏轼的话"旧书不厌百回读，熟读深思子自知"起始，以朱熹的两首《观书有感》结束。编者在这个单元还安排了冰心的《忆读书》和叶文玲的《我的"长生果"》，现当代的两位女作家用自己的读书故事极为形象具体地诠释了两位先贤的读书理论。教材又以口语交际"我最喜欢的人物形象"这一话题和"推荐一本书"的习作训练让本单元的读书主题形成了一脉相承的关联：从古到今，由人及己。教学中任何一个任务都不是孤立的，来回穿梭于古今，往返于读写，方得其真味。

这样承继，可以以时间为序，将后人在前人身上传承的内涵寻找出来：朱熹的"读书有三到"正是承继了孔子的"默而识之"，冰心的"读书好，多读书，读好书"正是传承了朱熹阅读之法，叶文玲这样的当代作家正是被冰心等前辈作品所滋养，而学生正是在汉语阅读的丛林中一路走来……

2. 承继中的追溯构建

再如神话单元中《精卫填海》的作用何在？笔者利用其原文引导学生进入了对神话主题的思考：原文何以先写精卫鸟之形而后述其为炎帝少女所变？这正是神话创作之本质所在，也即鲁迅所说的："昔者初民，见天地万物，变异不常，其诸现象，又出于人力所能以上，则自造众说以解释之：凡所解释，今谓之神话。"如此追溯旨在帮助学生构建正确的"神话"意识：神话，同样来源于现实。

3. 承继中的变革创新

当你将《守株待兔》回放到韩非的《五蠹》之中时，便会发现如果将《守株待兔》仅理解为对"不劳而获"思想的批判，不仅窄化了故事本身的丰富性，更无法抵达韩非所想表达的"是以圣人不期修古，不法常可，论世之事，因为之备"这一深层内涵。而这一理念放置于任何一个时代都不过时，因为人类在传统承继中正需要这样的变革思想。因此可安排这样的环节。

你们有哪些办法可以再得到一只兔子呢？

学生自由想象发言。预设：到兔子窝边去守；向猎人学习打猎；挖个陷阱说不定有兔子会掉进来；买两只兔子回家养了生小兔子；好好种庄稼，卖了粮食的钱去买兔子……

4. 承继中的责任担当

梁启超的《少年中国说》之所以被称为"开文章之新体，激民气之暗潮"的代表作，首先在于他在那个时代提出了对"中国"之全新的定义；其次就在于提出了全新的创建理念：寄少年中国于中国少年。为呈现出中国之少年气象，他铺陈"少年"意象：红日、河流、潜龙、乳虎、鹰隼、奇花、干将。因此，落实诸多意象的"少年"之气象才是理解文本关键之所在，才能发现它们和人类少年的共同特点：充满朝气、充满能量……

母语本质——置之于"言语技巧"的玩味

作为汉语言本身特有的言语技巧也是属于人之素养，教学中同样应当予以重视。相关训练概述如下。

1. 言语的逻辑

《自相矛盾》的主人公呈现出了一种逻辑思维混乱的现象。教学中层层分析，激化"矛盾"在学生心目中所引起的冲突、追问：鬻盾与矛者为何"弗能应也"？文本没有呈现回应，这种空白正是对学生进行思维训练的契机，进而让学生认识到：正因为有"盾"的存在，"矛"才会力求其"利"；正因为有"矛"的存在，"盾"才会力求其"坚"。彼此就是如此相互制约、促进，才有了人类不断的进步与发展。教学的最佳效果就是让"矛盾"无限升级，树立起明确的矛盾观，从而引导学生发现矛盾存在的价值。

2. 言语的敏感

人的言语过程是在不同的敏感度中进行的，不同语言所体现出来的言语感应方式是具有不同特质的。杨氏子的聪惠就表现在言语的敏感上。他不仅听出戏谑之意，还迅速应声："未闻孔雀是夫子家禽"。有"礼"：尊称对方"夫子"；有节："未闻"当是类似寡闻的谦辞；更有智：上承孔君平之语的推断之意。王尚文认为"语感是思维并不直接参与作用而由无意识替代的在感觉层面进行言语活动的能力"，这种"半意识的言语能力"就语文教学来说，是可以并且必须注重培养的。因此教学中不妨多设计一些文字游戏：

句式训练：来客姓（　　　　），儿应声答曰："未闻（　　　　）是夫子家（　　　　）。"

范例：来客姓（杜），儿应声答曰："未闻（杜鹃）是夫子家（禽）。"

3. 言语的视角

六年级下册第五单元提出"科学发现的机遇，总是等着好奇而又爱思考的人"。那么编者从《汤问》中抽取出来的《两小儿辩日》在此所担当的角色和承担的义务是什么？就故事中的情节发展来说，"辩"是过程，"辨"是依据也是目标：因"辨"而"辩"，由"辩"得"辨"。首先分清两小儿之间、列子与孔子之间以及不同时代的理念之"辩"与"辨"；继而认识文本之价值，儿童视角的好奇探究之"辨"，到观点、个性之"辩"，可激发出学生阅读所得的发明创造之"辨"；最后从言语出发，就辩题、辩法及辩论等层面进行分辨。

言语的表达之于人类文明进程非常重要，其中言语角色的定位则是决定性的。从言语学的角度来说，两小儿的辩论过程是完整的。他们的"辩斗"是想得到一个关于"日去人之远近"的结论。他们拥有的结论显然只是自己的。各自据理力争，却无法说服别人来认同自己。从人文意义上（或是从列子的角度）来说，两小儿的辩论并非全篇。由此而派生的论题其实还有很多，其中列子明确提出的是"孰为汝（孔子）多知乎"。读此文的我们又"何以决日之远近"？了解文章背景的你是否又在思考"列子与孔子孰知"？由此发散可见限制言语成功的不只是知识本身，还有视角。我们常常因为自己的角色而限制了自己的思维，由此同一单元的"口语交际"提供了与文本学习极为融合的两个辩题：①孔子为智者；②孔子并非智者。

时刻以"树人"为教学宗旨，自然能挖掘文本内涵中"德"之所在。课程标准为语文课程性质所下的定义是："是一门学习语言文字运用的综合性实践性的课程。"我们无法将言语的内涵剥离形式本身去实践，面对几千年前的语言时就必然要面对其承载的文明。立足于人性本身、民族文化特色的母语素养训练，正是实现汉语言立德树人的科学之道。

小学文言文知识要点解读及训练策略

统编教材选编了 14 篇文言文，课后安排的学习任务明确定位了教学目标。本文依循教材中的文本、注释和习题，对整个小学阶段的文言文知识要点进行一次梳理解读，提几点训练建议。

一、 字正腔圆——夯实"诵读"铺基石

教材对每篇文言文都提出了诵读要求："正确"——三年级时提出了"跟着老师朗读课文，注意词句间的停顿"的具体操作方法；"流利"——要求"把课文读通顺"，尤其是相对难读的句子；"背诵"——除《铁杵成针》和《书戴嵩画牛》之外的 12 篇文言文都要求背诵。"正确、流利地朗读课文，背诵课文"是小学文言教学统一的基础目标，是实现其他目标的基石。

（一）认准字形，读准字音

生僻字和多音字是学习文言文必须关注的重点。如：瓮（wèng）、耒（lěi）、冀（jì）、埋（yīn）、囊（náng）、胤（yìn）、焉（yān）、媪（ǎo）、杵（chǔ）、隼（sǔn）、喻（yù）、硎（xíng）、哉（zāi）、岂（qǐ）、鬻（yù）、巍（wēi）、曝（pù）、拊（fǔ）、搐（chù）、谬（miù）、鹄（hú）、缴（zhuó）、盂（yú）。对于这类字的复习，可设计识字游戏、注音比赛等竞技活动，进行趣味性巩固。

典型的可以设计辨识练习，如为相同的字注上不同的音。

相同的字	例 句
知	知（zhī）之为知（zhī）之，不知（zhī）为不知（zhī），是知（zhì）也。
	孰为汝多知（zhì）乎？
识	默而识（zhì）之。 有识（shí）则知学问无尽。
少	炎帝之少（shào）女。 少（shào）年中国说。 少（shǎo）选之间而志在流水。

（二）句句流利，停顿得当

1. 句读：句读是文言学习的基础要点，是对文本理解的外在表现。对于学生来说，典型的易错句读如下。

正确句读	解 析
一儿登瓮，足跌/没水中。	误："跌没"连读。纠正解析："跌"是"没"的原因，"没（水中）"是"（足）跌"的结果
因/释其耒/而守株。	误："因释其耒"连读。纠正解析："因"交代概述，概述内容分"释其耒"和"守株"两件事，"而"是引发出"守株"的助词
看道边李树/多子折枝。	误："看道边/李树"。纠正解析：主语"李树"后方可停顿
夏月/则练囊盛数十萤火/以照书。	误："则练囊盛数十/萤火以照书"。纠正解析："夏月"是时间状语，自然分开；"萤火"应被"盛"和"数十"修饰，"以照书"是其功用
夫/不可陷之盾/与无不陷之矛，不可/同世而立。	"夫"是句首议论的格式用词；"盾"与"矛"并陈，自然分开；"同世而立"是"不可"出现的状况
未闻/孔雀是夫子家/禽。	误："夫子/家禽"。纠正解析：与"君家/果"联系、感受，自然推出"夫子家/禽"的节奏

有的句读是颇有争议的，比如"以为世无足复为鼓琴者"，"以为"后面都是"以为"要陈述的内容，因此只要在大的停顿上没问题，因不同的理解可以有细微的不同停顿。就像白话文中的同一个句子，重音不同产生的效果不同一样，只要不影响对句意的感受，个人认为不必统一。

2. 语调：文言文语调除了一些句中需要强化的词语外，最为明显的就是语气虚词，可在趣味练习中体会。

（1）找出有"哉"的句子，给它标音调（符号不唯一），解说理由并朗诵。

美哉↑——上扬以示展望，壮哉↓——坚定以示雄心；美～～哉↑——颤音以示沉醉，壮～～哉↓——以示豪情；美↑哉～～——以示铺陈，壮↓哉～～——以示努力后的搏发……

——《少年中国说（节选）》

善哉～～乎鼓琴，巍巍乎若太山。善哉～～乎鼓琴，汤汤乎若流水。——《伯牙鼓琴》

相关练习，关键词有"也""焉""与"等。

（2）句式改变：将下列句子换一种说法。

"心既到矣，眼口岂不到乎？"——心到，眼口自然（肯定）能到。

相关练习句式有：

此不为远者小而近者大乎？

此不为近者热而远者凉乎？

孰为汝多知乎？

（3）找出课文中的叠词，结合注释，尝试换一换其他词语，并说说不同的效果。

叠　词	注　释	尝试替换
巍巍	高大的样子	巍峨
沧沧凉凉	寒凉	

3. 篇篇成诵，韵味无穷。个人认为"机械记忆"是简单粗暴且成效

极低的行为。14 篇课文，90％是学生乐于阅读的故事，《少年中国说》和《论语》选句也是"可聊"话题。《两小儿辩日》与"口语交际"的辩论赛活动紧密结合起来学习更有成效，故创设"消化"活动很有必要。

（1）由人物联想原文，进行记忆检测。

人　物	表　现（原文）	评　价
司马光	光持石击瓮破之，水迸，儿得活	沉着机智……
宋人耕者	因释其耒而守株，冀复得兔	因循守旧、不劳而获……
……		

（2）人物"串烧"：将 14 篇文言文中的人物（包括作者）进行各种"串烧"式相遇。

两小儿笑曰："孰为汝多知乎？"

子曰："知之为知之，不知为不知，是知也。"

处士笑而然之。古语有云："耕当问奴，织当问婢。"

子曰："吾尝终日不食，终夜不寝，以思，无益，不如学也。"

…… ……

总之，诵读可以灵活地以多种有趣的形式进行，不要一味地"小和尚念经"。角色分配读、情趣创设讲述、课本剧等都是帮助学生形成良好的文言文语感的好方法。

二、 说文解字——借用"注释"挖资源

"阅读浅易文言文，能借助注释和工具书理解基本内容"是学文言的初级目标。教材中多达 9 篇课文在课后练习中强调"借注释"，用以完成学习任务，如学会理解词语、理解句子、理解文本及讲述故事等。借用好"注释"可深挖更丰富的教学资源。

（一）借注释，讲故事

借助文中带注释的词语作为关键提示语，用自己的话讲故事。将所有故事类文本做成签，抽取后出示关键词，要求说出词语的意思，讲述

时必须将这些注释内容嵌在其中。

故事（课题）	关键词	注　释
精卫填海	出处	本文选自《山海经·北山经》
	精卫	神话中鸟的名字，形状像乌鸦，头上有花纹，白色的嘴，红色的脚，传说是炎帝小女儿溺水身亡后的化身
	炎帝	传说上古时期的部落首领
	少女	小女儿
	溺	溺水，淹没
	故	因此
	堙	填塞

　　以《精卫填海》为例，讲述者依据提示，必须在讲述之初阐明自己为大家讲述的故事的起源。对于"炎帝"和"精卫"这样的人物要有所交代，尤其是对精卫的外形应该有详细的描述。而在情节处理中，必须出现"小女儿""溺水""因此""填塞"这样精准的词语，其他语言不作太多要求，自由发挥与规范引导充分结合。

（二）借注释，解句子

　　六年级课后训练出现翻译句子的要求，形成小学和初中的知识衔接。积字（词）而成句的方法指导如下。

原　句	伯牙破琴绝弦，终身不复鼓琴，以为世无足复为鼓琴者。				
关键词语	破	绝	终身	复	以为世无足复为鼓琴者
解释	（砸、摔）破碎	断	一辈子	再	认为世上再没有值得他为之弹琴的人了
翻译整句	伯牙摔碎琴身，扯断琴弦，（决定）这辈子再也不弹琴了，他认为世上再没有值得他为之弹琴的人了				

（三）借注释，猜人名

　　课文中对于相关人物的解释，可以反其道而用之，如请根据描述说出具体的人物。

描　述	人　物
神话中鸟的名字，形状像乌鸦，头上有花纹，白色的嘴，红色的脚，传说是炎帝小女儿溺水身亡后的化身	精卫
宋代史学家，著有《资治通鉴》	
传说中上古时期的部落首领，常与"黄帝"并称	
晋朝人，"竹林七贤"之一，自幼聪慧	
被杨氏之子尊称为"夫子"的客人	
唐代画家，代表作品《牛》	
本指有德才而不愿去做官的人，后来也指未做官的士人	
围棋高手	

还可开发"借注释（或图片）"猜器物的学习模式，如：瓮、耒、练囊、铁杵、干将、硎、缴、车盖、盘盂；"借注释（或图片）"猜动物的学习模式，如：萤、隼、鸿鹄；"借注释（或图片）"猜事物的学习模式，如：牛、太山、株、锦囊玉轴、股等。

（四）借注释，玩哑谜

文言中动词的运用具有高度的准确性，往往一个字（词）就能形象地表现出极为丰富的动态或状态。通过出示文中注释，要求学生两人一组，我"演"（不出声）你"猜"。

范例：出示"释：放下"→表演者将手中物件"放下"→队友猜出"释"。

此类活动主要针对动词和形容词。动态描写诸如：进、冀、溺、堙、弈、下问、识、陷、诣、鼓、搔、耻、掉、探汤；状态描写诸如：恭勤、方、矞矞皇皇、八荒、漫浪、急、沧沧凉凉；行为描写如：感其意、还卒业。

（五）借注释，看视频

老师依照文本中的注释，收集对应的视频片段，学生联想相关文言语句。

视频情景	文言描述
鹰隼展翅试飞，掀起狂风，飞沙走石	鹰隼试翼，风尘吸张
《高山流水》音乐片断，水流大而急	汤汤乎若流水

这样的练习，还有利于日后经历相似情形时能在写作中运用。

（六）借注释，知细微

对于典型的文言常识类注释，作知识性识记是必须的。此类词语如：皆、因、故、尝、唯、信然、哉、夫、乃、善哉、若、然之、之、弗若、然、以、孰、汝。

以典型的"之"为例。①了解"之"在文本中的几种常见意思。②找出教材中所有带"之"的句子。③将教材中所有带"之"的句子分类归档。

"之"的用法	文中相关句子	备注
代指某人、事、物等	光持石击瓮破之，水迸，儿得活	代瓮
	诸儿竞走取之，唯戎不动。	代李子
	……	
相当于"的"	炎帝之少女，名曰女娃。	
	常衔西山之木石，以堙于东海。	
	……	
不译，调整句子结构关系	弈秋，通国之善弈者也。	
	吾盾之坚，物莫能陷也。	
	……	
往，去，到	送孟浩然之广陵	
	……	

（注："往、去、到"意项的"之"在小学语文教材中的文言文里未见，但在古诗词中常见）

（七）借注释，学分辨

阅读文言文时有些词语必须借助注释来理解，否则容易引起误解。

类型	原文	文中意思	易误解为
通假字	知之为知之，不知为不知，是知也。 孰为汝多知乎？	知：同"智"，智慧	知道
	梁国杨氏子九岁，甚聪惠。	惠：同"慧"	贤惠
	为是其智弗若与？	与：同"欤"，句末语气词，表示疑问，这里读yú	和
	孰为汝多知乎？	为：同"谓"，说	因为
词性改变	囊萤夜读。	囊：用口袋装	口袋
	所宝以百数。	宝：珍藏的（书画）	宝物
	不耻下问。	耻：以……为耻	可耻
	孔指以示儿曰。	示：给……看	展示
与常见词意有差异	兔走触株。	走：跑	步行
	诸儿竞走取之。	竞走：争着跑过去	体育竞技项目
	炎帝之少女	少女：小女儿	少年女子
	过是溪。	是：这	与"否"相对
	学而不厌	厌：满足	厌恶
	或曰。	或：有的人说	选择列项
	好古，敏以求之者也。	敏：此处指勤勉	快捷、敏感
	少选之间而志在流水。	少选：一会儿，不久	选的不多
	及其日中如探汤。	汤：热水	食物加水煮熟后的汁液
	因释其耒而守株。	因：于是	表示原因

（八）借注释，知关联

知识形成模块，记忆更牢固。

1. 近义解释：运用近（同）义词直接替换式解释。

词	皆	谓	鬻	拊掌	通国	援	辩斗	日中	及	鼓
释	全，都									

2. 关联贯通：有这样几组相关联的词语，可以让学生贯通感受同一个词语在不同表现过程中内在意义的联系与区别。

相关联的词语	关联义项
通←→通国	通晓，明白←→全国（都知晓）
走←→竞走	跑←→争着跑过去
哉←→善哉（壮哉、美哉）	表示赞叹，相当于"啊"←→好啊（强壮啊、美好啊）
囊←→练囊	口袋或用口袋装←→白色薄绢做的口袋
然←→信然←→然之	这样←→的确如此←→认为他说得对
敏（敏而好学，不耻下问）←→敏（敏以求之者也）	聪敏←→勤勉
夫←→夫子	放在句首，表示将发议论←→夫子：古时对男子的敬称，这里指孔君平

（九）借注释，学解析

教材中的注释就是解析词语的模板，练习要求较低。

1. 组词法。文言有"单字成词"的特性，可利用选择性组词还原其意思。在教材中也出现过类似的解释。

庭（庭院）　好（喜好）　诲（教诲）　敏（聪敏）

为（因为）　通（通晓）　志（心志）（情志）

*照样子，根据课文内容填一填。

胤恭勤不倦。（疲倦）

家贫不常得油。（贫穷、贫困）

世传李太白读书山中，未成，弃去。（放弃）

2. "联系上下文"法。此类练习教学中教师应该细致引导并分析。

*联系上下文，猜测加点字的意思。（五下）

誉之曰："吾盾之坚，物莫能陷也。"——结合情节及人物语言，可见"誉"是一个动词，得出"赞美、夸赞"的解释。

其人弗能应也。——"弗"与"不"是可以直接替换的，直接借用文中原句即可帮助学生感受。

不可同世而立。——这个"立"单独理解较为困难，需结合上下文经历意思变迁的过程："立"最初形象地表示"直立、竖立"，然后抽象为"树立、建立（制定）"，再由"制定、建立"推及制定或建立的人，表明其特殊的地位——"（君王）立位"，转而有了尽快执行的"立刻"意，又有了不可更改的"确立"之意。结合文本"同世而立"，即表明了其"存在"之意。

＊联系上下文，说说加点字的意思。（六下）

通国之善弈者也。——学生积累义项有："善良""好"，在此处这两种解释都讲不通了。联系"通国"及"弈"的意思，连贯句子来理解可见此处"善"是指"善于"，即"擅长"之意。

思援弓缴而射之。——文言中的"之"是极为常见的，如悟空一样善变的"之"所指代的事物必须联系上下文来寻找。上文中这个学生"一心以为有鸿鹄将至"，决定了此处"之"即代指"鸿鹄"。

孔子不能决也。——此处的"决"自然是要结合前文中两小儿之辩斗内容而理解出"决断""判断"之意。

三、 开疆拓土——打开"链接"广阅读

注重课外延伸阅读是统编教材的一大特色，文言课后设置的实践操作性的开放习题、"资料包"及"阅读链接"，目的就是为学生更丰富的阅读推开一扇门。

（一）题后注释，由点到面

每篇文章课题的注释都是文本的原初典籍，本身就列出了一系列书目。

（二）收集资料，处理信息

《少年中国说（节选）》之后练习可分步完成：①收集资料——分组进行；②处理资料——制作小报；③进行小报展览评比。古今阅读交融。

（三）个性解读，多元思维

《守株待兔》的阅读链接《南辕北辙》："和同学交流：故事中的坐车人错在哪里？"既与整个寓言单元阅读训练相融合，又是拓展的阅读思维训练。还可继续深入：种田人所"守"的和去楚者所"守"的的同与异。还可横向超越：安排这两个人相遇，任由学生发挥想象，趣味改写，表达自己对这两个故事的感受和理解。类似的设计如下表。

课　文	习　题	训练方式
《精卫填海》	精卫给你留下了怎样的印象？和同学交流	精卫主题绘画
《王戎不取道旁李》	说说为什么"树在道边而多子，此必苦李"	阅读《世说新语》，收集王戎故事，对人物评价进行研究
《少年中国说（节选）》	结合注释和相关资料，说说课文的意思，再回答下面的问题 课文用哪些事物来赞美少年中国？少年中国和中国少年之间有什么联系	"中国梦""少年梦"主题演讲
《古人谈读书》	联系自己的读书体会，说说课文的哪些内容对你有启发	读书交流会
《自相矛盾》	想一想："其人弗能应也"的原因是什么	课本剧；生活中"矛盾"现象分析；兵器演化研究
《杨氏之子》	说说从哪里可以看出杨氏之子的机智	姓氏联想趣谈
《两小儿辩日》	两个小孩的观点分别是什么？他们是怎样说明自己的观点的	"孔子知与非知"辩论赛

（四）比照阅读，传承文化

课标强调学生应"具有独立阅读的能力，学会运用多种阅读方法。有较为丰富的积累和良好的语感，注重情感体验，发展感受和理解的能力"。而文言课文背后博大精深的传统文化就是实现此目标取之不尽用之不竭的资源。如《伯牙鼓琴》要求学生课后结合"资料袋"和同学交流感受。可进行一个相对长期的比照阅读。

比照对象		作　者	阅读思考	
《列子》文本			比较文言词语运用的异与同	
《警世通言》			话本添加了哪些情节？有什么作用	
诗词作品（收集）	《示孟郊》	孟浩然	锺期一见知，山水千秋闻	诗句理解，情感体会
	《伯牙》	王安石	故人舍我归黄壤，流水高山心自知	
	……			

　　这样的比照阅读，读出汉语言"文体""语码""内涵""思维"等诸多特质，利于学生多重阅读意识的形成性培养。知识积累、兴趣爱好及情感取向决定了每个"探囊者"所取之"文"是不同的，让阅读有了无数种"链接"的方向和可能。